I0542775

Dante's Latin Essays

De Vulgari Eloquentia & De Monarchia

Dante Alighieri *scripsit*

A.J. Butler *introductionem addidit*

Copyright © 2023
All rights reserved.
ISBN: 9781961822993
Typeset in Baskerville Old Face by Garrett Dome and Zachary Sowerby.

Scriptoribus antiquis

Index Capitulorum

DANTE ALIGHIERI

DANTE IN THE THIRTEENTH CENTURY

THE person who sets to work to write about Dante at the present day has two great difficulties to reckon with: the quantity which has already been written on the subject, and the quantity which remains to be written. The first involves the reading of an enormous mass of literature in several languages, and very various in quality; but for the comfort of the young student, it may at once, and once for all, be stated that he can pretty safely ignore everything written between 1400 and 1800. The subject of commentaries, biographies, and other helps, or would-be helps, will be treated of later on. Here we need only say that the Renaissance practically stifled anything like an intelligent study of Dante for those four centuries; and it was not until a new critical spirit began to apply to it the methods which had hitherto been reserved for the Greek and Latin classics, that the study got any chance of development. How enormously it has developed during the present century needs not to be said. It may suffice to point out that the British Museum Catalogue shows editions of the Commedia at the rate of one for every year since 1800, and other works on Dante in probably five times that proportion.

Now, it has been said of the Commedia, and the remark is equally true of Dante's other works, that it is like the Bible in this respect: every man finds in it what he himself brings to it. The poet finds poetry, the philosopher philosophy; the scientific man science as it was known in 1300; the politician politics; heretics have even found heresy. Nor is this very surprising when we consider what were the author's surroundings. Naturally, no doubt, a man of study and contemplation, his lot was cast in the midst of a stirring, even a turbulent, society, where it was hardly possible for any individual to escape his share of the public burdens. Ablebodied men could not be spared when, as was usually the case, fighting was toward; all men of mental capacity were needed in council or in administration. And, after all, the area to be administered, the ground to be fought over, were so small, that the man of letters might do his duty by the community and yet have plenty of time to spare for his studies. He might handle his pike at Caprona or Campaldino one day, and be at home among his books the next. Then, again, the society was a cultivated and quick-witted one, with many interests. Arts and letters were in high esteem, and eminence in them as sure a road to fame as warlike prowess or political distinction. From all this it is clear that the Florentine of the thirteenth century had points of contact with life on every side; every gate of knowledge lay open to him, and he could explore, if he pleased, every one of its paths. They have now been carried further, and a lifetime is too short for one man to investigate thoroughly more than one or two; but in those days it was still possible for a man of keen intelligence, added to the almost incredible diligence, as it appears to us, of the Middle Ages, to make himself acquainted with all the best that had been done and said in the world.

This it is which forms at once the fascination and the difficulty of Dante's great work. Of course, if we content ourselves with reading it merely for its "beauties," for the æsthetic enjoyment of an image here and an allusion there, for the trenchant expression of some thought or feeling at the roots of human nature, there will be no need of any harder study than is involved in going through it with a translation. Indeed, it will hardly be worth while to go to the original at all. The pleasure, one might almost say the physical pleasure, derived from sonorous juxtaposition of words, such as we obtain from Milton or from Shelley, is scarcely to be genuinely felt in the case of a foreign language; and the beauties of matter, as distinguished from those of form, are faithfully enough rendered by Cary or Longfellow.

It may, however, be safely assumed that few intelligent students will rest content with this amount of study. They will find at every turn allusions calling for explanation, philosophical doctrines to be traced to their sources, judgements on contemporary persons and events to be verified. On every page they will meet with problems the solution of which has not yet been attempted, or attempted only in the most perfunctory way. For generation after generation readers have gone on accepting received interpretations which only tell them what their own wits could divine without any other assistance than the text itself gives. No commentator seems yet to have realised that, in order to understand Dante thoroughly, he must put himself on Dante's level so far as regards a knowledge of all the available literature. The more obvious quarries from which Dante obtained the materials for his mighty structure — the Bible, Virgil, Augustine, Aquinas, Aristotle — have no doubt been pretty thoroughly examined, and many obscurities which the comments of Landino and others only left more obscure have thus been cleared up; but a great deal remains to be done. Look where one may in the literature which was open to Dante, one finds evidence of his universal reading. We take up such a book as Otto of Freising's

Annals (to which, with his Acts of Frederick I., we shall have to refer again), and find the good bishop moralising thus on the mutability of human affairs, with especial reference to the break-up of the Empire in the middle of the ninth century: —

> *"Does not worldly honour seem to turn round and round after the fashion of one stricken with fever? For such place their hope of rest in a change of posture, and so, when they are in pain, throw themselves from side to side, turning over continually."*[1]

It is hard not to suppose that Dante had this passage in his mind when he wrote that bitter apostrophe to his own city with which the sixth canto of the Purgatory ends: —

> *"E se ben ti ricorda, e vedi lume,*
> *Vedrai te somigliante a quella inferma,*
> *Che non può trovar posa in su le piume,*
> *Ma con dar volta suo dolore scherma."*

It is hardly too much to say that one cannot turn over a couple of pages of any book which Dante may conceivably have read without coming on some passage which one feels certain he had read, or at the very least containing some information which one feels certain he possessed. A real "Dante's library"[2] would comprise pretty well every book in Latin, Italian, French, or Provençal, "published," if we may use the term, up to the year

---

[1] Otho Fris., Annales, v. 36.

[2] A useful list, with some account of the authors cited by Dante, is given by Mr. J. S. Black, in a volume entitled *Dante; Illustrations and Notes,* privately printed by Messrs. T. & A. Constable, at Edinburgh, 1890. He does not, however, include (save in one or two cases, and those rather doubtful) authors of whom Dante's knowledge rests on inference only.

1300. Of course a good many Latin books were (may one say fortunately?) in temporary retirement at that time; but even of these, whether, as has been suggested, through volumes, now lost, of "Elegant Extracts," or by whatever other means, more was evidently known than is always realised.

We must, however, beware of treating Dante merely as a repertory of curious lore or museum of literary bric-à-brac — a danger almost as great as that of looking at him from a purely æsthetic point of view. He had no doubt read more widely than any man of his age, and he is one of the half-dozen greatest poets of all time. But his claim on our attention rests on even a wider basis than these two qualities would afford. He represents as it were the re-opening of the lips of the human race: "While I was musing, the fire kindled, and at last I spake with my tongue." The old classical literature had said its last word when Claudian died; and though men continued to compose, often with ability and intelligence, the histories and chronicles which practically formed the only non-theological writings of the so-called "Dark Ages," letters in the full sense of the term lay dormant for centuries. Not till the twelfth century was far advanced did any signs of a re-awakening appear. Then, to use a phrase of Dante's, the dead poetry arose, and a burst of song came almost simultaneously from all Western Europe. To this period belong the Minnesingers of Germany, the Troubadours of Provence, the unknown authors of the lovely romance — poetical in feeling, though cast chiefly in a prose form — Aucassin et Nicolete, and of several not less lovely English ballads and lyrics. Even the heavy rhymed chronicles begin to be replaced by romances in which the true poetic fire breaks out, such as the Nibelungen Lied (in its definitive form) and the Chronicle of the Cid.

In the new poetry two features strike us at once. The sentiment of love between man and woman, which with the ancients and even with early Christian writers scarcely ever rises beyond the level of a sensual passion,[3] becomes transfigured into a profound emotion touching the deepest roots of a man's nature, and acting as an incentive to noble conduct; and, closely connected with this, the influence of external nature upon the observer begins for the first time to be recognised and to form a subject for poetical treatment.[4] Horace has several charming descriptions of the sights and sounds of spring; but they suggest to him merely that life is short, or that he is thirsty, and in either case he cannot do better than have another drink in company with a friend. So with Homer and Virgil. External nature and its beauty are often touched off in two or three lines which, once read, are never forgotten; but it is always as ornament to a picture, not auxiliary to the expression of a mood. You may search classical literature in vain for such passages as Walther von der Vogelweide's: —

"Dô der sumer komen was
Und die bluomen durch daz gras
Wünneclîche ensprungen,
Aldā die vogele sungen,
Dâr kom ich gegangen
An einer anger langen,
Dâ ein lûter brunne entspranc;

---

[3] I do not forget Ulysses and Penelope, Hector and Andromache, or Ovid's *Heroïdes;* but the love of husband and wife is another matter altogether. The only instance in classical literature that I can recall of what may be termed the modern view of the subject is that of Hæmon and Antigone. See, on this subject, and in connection with these paragraphs generally, Symonds, *Introduction to the Study of Dante,* ch. viii.

[4] This must be taken as referring only to European literature. Such a passage as Canticles ii. 10-14 shows that Oriental poets felt the sentiment from very early times. Is it possible that contact with the East evoked it in Europeans?

> *Vor dem walde was sī ganc,*
> *Dâ diu nahtegale sanc;"* [5]

or the unknown Frenchman's: —

> *"Ce fu el tans d'esté, el mois de mai, que li jor sont*
> *caut, lonc, et cler, et les nuits coies et series.*
> *Nicolete jut une nuit en son lit, et vit la lune cler par*
> *une fenestre, et si oi le lorseilnol center en garding,*
> *se li sovint d'Aucassin sen ami qu'ele tant aimoit;"* [6]

or the equally unknown Englishman's: —

> *"Bytuene Mershe and Averil,*
> *When spray biginneth to springe,*
> *The lutel foul hath hire wyl*
> *On hyre lud to synge;*
> *Ich libbe in love-longinge*
> *For semlokest of alle thinge,*
> *He may me blisse bringe,*
> *Icham in hire baundoun."* [7]

But it is hardly necessary to multiply instances. By the middle of the thirteenth century the spring, and the nightingales, and the flowering meadows had become a commonplace of amatory and emotional poetry.

---

[5] "When the summer was come, and the flowers sprang joyously up through the grass, right there the birds were singing; thither came I, on my way over a long meadow where a clear well gushed forth; its course was by the wood where the nightingale sang."

[6] "It was summer time, the month of May, when the days are warm, and long, and clear, and the nights still and serene. Nicolete lay one night on her bed, and saw the moon shine clear through a window, yea, and heard the nightingale sing in the garden, so she minded her of Aucassin, her lover, whom she loved so well" (Lang's translation).

[7] Lud = song; semlokest = seemliest; he = she; in hire baundoun = at her command.

So far, however, poetry was exclusively lyrical. The average standard of versifying was higher, perhaps, than it has ever been before or since. Every man of education seems to have been able to turn a sonnet or ode. Men of religion, like St. Francis or Brother Jacopone of Todi; statesmen, like Frederick II. and his confidant, Peter de Vineis; professional or official persons, like Jacopo the notary of Lentino, or Guido dalle Colonne the judge of Messina; fighting men, like several of the Troubadours; political intriguers, like Bertrand del Born — all have left verses which, for beauty of thought and melody of rhythm, have seldom been matched. But the great poem was yet to come, which was to give to the age a voice worthy of its brilliant performance. It is not only in literature that it displays renewed vitality. Turn where we will, in every department of human energy it must have been brilliant beyond any that the world has ever seen. It stood between two worlds, but we cannot say of them that they were

"One dead,
The other powerless to be born."

The old monarchy was dying, had indeed, as Dante regretfully perceived, died before he was born, and the trumpet-call of the De Monarchia, wherewith he sought to revive it, was addressed to a generation which had other ideals of government; but it had set in a blaze of splendour, and its last wielder, Frederick II., was, not unfitly, known as the Wonder of the World. The mediæval Papacy, though about to undergo a loss of prestige which it never retrieved, outlived its rival, and had seldom been a greater force in the political world than it was in the hands of the ambitious and capable Boniface VIII. The scholastic philosophy, which had directed the minds of men for many generations, was soon to make way for other forms of reasoning and other modes of thought; but its greatest exponent, St. Thomas Aquinas, was Dante's contemporary for nine years. These examples will serve to show that the old systems were capable to the very last of producing and influencing great men.

Meantime the new order was showing no lack of power to be born. Two of our countrymen, Roger Bacon and, somewhat later, William of Ockham, sowed, each in his own way, the seeds which were to bear fruit in the science and speculation of far distant ages. In the arts, architecture reached its highest pitch of splendour; and painting was at the outset of the course which was to culminate, more than two hundred years later, in Titian and Raffaelle. But in no field did the energy of the thirteenth century manifest itself as in that of politics. With the collapse of the Empire came the first birth of the "nationalities" of modern Europe. The process indeed went on at very different rates. The representative constitution of England, the centralised government of France were by the end of the century fairly started on the lines which they have followed ever since. But England had never owned allegiance to the Emperor, while France had pretty well forgotten whence it had got the name which had replaced that of Gaul. In the countries where the Empire had till recently been an ever-present power, Germany and Italy, the work of consolidation went on far less rapidly; indeed, it has been reserved for our own age to see it completed. With Germany we have here nothing directly to do; but it is all-important to the right understanding of Dante's position that we should glance briefly at the political state of Italy and especially of Tuscany during the latter half of the thirteenth century. By good fortune we have very copious information on this matter. A contemporary and neighbour of Dante's, by name John Villani, happened to be at Rome during the great Jubilee of 1300. The sight of the imperial city and all its ancient glories set him meditating on its history, written, as he says (in a collocation of names which looks odd to us, but was usual enough then), "by Virgil, by Sallust and Lucan, by Titus Livius, Valerius, and Paulus Orosius," and moved him, as an unworthy disciple, to do for his native city what they had done for Rome. The result was the most genial and generally delightful work of history that has been written since Herodotus. Villani, who lived till 1348, when the plague carried him off, seems to have been a man of an equable disposition and sober judgement. Like Dante and all the Florentines of that day, he belonged to the Guelf party; and, unlike his great fellow-citizen, he adhered to it throughout, though by no means approving all the actions of its leaders. After the fashion of the time, he begins his chronicle with the Tower of Babel; touches on Dardanus, Priam, and the Trojan war; records the origin of the Tuscan cities; and so by easy stages comes down towards the age in which he lived. The earlier portions, of course, are more entertaining and suggestive than trustworthy in detail; but as he approaches a time for which he had access to living memory, and still more when he records the events of which he was himself a witness, he is our best authority.

— ARTHUR JOHN BUTLER, 1902

DE VULGARI ELOQUENTIA

Caput Primum

Cum neminem ante nos de vulgaris eloquentie doctrina quicquam inveniamus tractasse, atque talem scilicet eloquentiam penitus omnibus necessariam videamus, cum ad eam non tantum viri sed etiam mulieres et parvuli nitantur, in quantum natura permictit, volentes discretionem aliqualiter lucidare illorum qui tanquam ceci ambulant per plateas, plerunque anteriora posteriora putantes — Verbo aspirante de celis — locutioni vulgarium gentium prodesse temptabimus, non solum aquam nostri ingenii ad tantum poculum aurientes, sed, accipiendo vel compilando ab aliis, potiora miscentes, ut exinde potionare possimus dulcissimum ydromellum.

Sed quia unamquanque doctrinam oportet non probare, sed suum aperire subiectum, ut sciatur quid sit super quod illa versatur, dicimus, celeriter actendentes, quod vulgarem locutionem appellamus eam qua infantes assuefiunt ab assistentibus cum primitus distinguere voces incipiunt; vel, quod brevius dici potest, vulgarem locutionem asserimus quam sine omni regola nutricem imitantes accipimus.

Est et inde alia locutio secondaria nobis, quam Romani gramaticam vocaverunt. Hanc quidem secundariam Greci habent et alii, sed non omnes: ad habitum vero huius pauci perveniunt, quia non nisi per spatium temporis et studii assiduitatem regulamur et doctrinamur in illa.

Harum quoque duarum nobilior est vulgaris: tum quia prima fuit humano generi usitata; tum quia totus orbis ipsa perfruitur, licet in diversas prolationes et vocabula sit divisa; tum quia naturalis est nobis, cum illa potius artificialis existat.

Et de hac nobiliori nostra est intentio pertractare.

II. Hec est nostra vera prima locutio. Non dico autem 'nostra' ut et aliam sit esse locutionem quam hominis: nam eorum que sunt omnium soli homini datum est loqui, cum solum sibi necessarium fuerit.

Non angelis, non inferioribus animalibus necessarium fuit loqui, sed nequicquam datum fuisset eis: quod nempe facere natura aborret.

Si etenim perspicaciter consideramus quid cum loquimur intendamus, patet quod nichil aliud quam nostre mentis enucleare aliis conceptum. Cum igitur angeli ad pandendas gloriosas eorum conceptiones habeant promptissimam atque ineffabilem sufficientiam intellectus, qua vel alter alteri totaliter innotescit per se, vel saltim per illud fulgentissimum Speculum in quo cuncti representantur pulcerrimi atque avidissimi speculantur, nullo signo locutionis indiguisse videntur.

Et si obiciatur de hiis qui corruerunt spiritibus, dupliciter responderi potest: primo quod, cum de hiis que necessaria sunt ad bene esse tractemus, eos preferire debemus, cum divinam curam perversi expectare noluerunt; secundo et melius quod ipsi demones ad manifestandam inter se perfidiam suam non indigent nisi ut sciat quilibet de quolibet quia est et quantus est; quod quidem sciunt: cognoverunt enim se invicem ante ruinam suam.

Inferioribus quoque animalibus, cum solo nature instinctu ducantur, de locutione non oportuit provideri: nam omnibus

4

eiusdem speciei sunt iidem actus et passiones, et sic possunt per proprios alienos cognoscere; inter ea vero que diversarum sunt specierum non solum non necessaria fuit locutio, sed prorsus dampnosa fuisset, cum nullum amicabile commertium fuisset in illis.

Et si obiciatur de serpente loquente ad primam mulierem, vel de asina Balaam, quod locuti sint, ad hoc respondemus quod angelus in illa et dyabolus in illo taliter operati sunt quod ipsa animalia moverunt organa sua, sic ut vox inde resultavit distincta tanquam vera locutio; non quod aliud esset asine illud quam rudere, neque quam sibilare serpenti.

Si vero contra argumentetur quis de eo quod Ovidius dicit in quinto Metamorfoseos de picis loquentibus, dicimus quod hoc figurate dicit, aliud intelligens. Et si dicatur quod pice adhuc et alie aves locuntur, dicimus quod falsum est, quia talis actus locutio non est, sed quedam imitatio soni nostre vocis; vel quod nituntur imitari nos in quantum sonamus, sed non in quantum loquimur. Unde si expresse dicenti 'pica' resonaret etiam 'pica', non esset hec nisi representatio vel imitatio soni illius qui prius dixisset.

Et sic patet soli homini datum fuisse loqui. Sed quare necessarium sibi foret, breviter pertractare conemur.

III. Cum igitur homo non nature instinctu, sed ratione moveatur, et ipsa ratio vel circa discretionem vel circa iudicium vel circa electionem diversificetur in singulis, adeo ut fere quilibet sua propria specie videatur gaudere, per proprios actus vel passiones, ut brutum anirnal, neminem alium intelligere opinamur. Nec per spiritualem speculationem, ut angelum, alterum alterum introire contingit, cum grossitie atque opacitate mortalis corporis humanus spiritus sit obtectus.

Oportuit ergo genus humanum ad comunicandas inter se conceptiones suas aliquod rationale signum et sensuale habere: quia, cum de ratione accipere habeat et in rationem portare, rationale esse oportuit; cumque de una ratione in aliam nichil deferri possit nisi per medium sensuale, sensuale esse oportuit. Quare, si tantum rationale esset, pertransire non posset; si tantum sensuale, nec a ratione accipere nec in rationem deponere potuisset.

Hoc equidem signum est ipsum subiectum nobile de quo loquimur: nam sensuale quid est in quantum sonus est; rationale vero in quantum aliquid significare videtur ad placitum.

IV. Soli homini datum fuit ut loqueretur, ut ex premissis manifestum est. Nunc quoque investigandum esse existimo cui hominum primum locutio data sit, et quid primitus locutus fuerit, et ad quem, et ubi, et quando, nec non et sub quo ydiomate primiloquium emanavit.

Secundum quidem quod in principio Genesis loquitur, ubi de primordio mundi Sacratissima Scriptura pertractat, mulierem invenitur ante omnes fuisse locutam, scilicet presumptuosissimam Evam, cum dyabolo sciscitanti respondit: 'De fructu lignorum que sunt in paradiso vescimur; de fructu vero ligni quod est in medio paradisi precepit nobis Deus ne comederemus nec tangeremus, ne forte moriamur'.

Sed quanquam mulier in scriptis prius inveniatur locuta, rationabilius tamen est ut hominem prius locutum fuisse credamus, et inconvenienter putatur tam egregium humani generis actum non prius a viro quam a femina profluxisse. Rationabiliter ergo credimus ipsi Ade prius datum fuisse loqui ab Eo qui statim ipsum plasmaverat.

Quid autem prius vox primi loquentis sonaverit, viro sane mentis in promptu esse non titubo ipsum fuisse quod 'Deus' est, scilicet El, vel per modum interrogationis vel per modum responsionis. Absurdum atque rationi videtur orrificum ante Deum ab homine quicquam nominatum fuisse, cum ab ipso et in ipsum factus fuisset homo. Nam sicut post prevaricationem humani generis quilibet exordium sue locutionis incipit ab 'heu', rationabile est quod ante qui fuit inciperet a gaudio; et cum nullum gaudium sit extra Deum, sed totum in Deo, et ipse Deus totus sit gaudium, consequens est quod primus loquens primo et ante omnia dixisset 'Deus'.

Oritur et hinc ista questio, cum dicimus superius per viam responsionis hominem primum fuisse locutum, si responsio fuit ad Deum: nam, si ad Deum fuit, iam videretur quod Deus locutus extitisset, quod contra superius prelibata videtur insurgere.

Ad quod quidem dicimus quod bene potuit respondisse Deo interrogante, nec propter hoc Deus locutus est ipsa quam dicimus locutionem. Quis enim dubitat quicquid est ad Dei nutum esse flexibile, quo quidem facta, quo conservata, quo etiam gubernata sunt omnia? Igitur cum ad tantas alterationes moveatur aer imperio nature inferioris, que ministra et factura Dei est, ut tonitrua personet, ignem fulgoret, aquam gemat, spargat nivem, grandinea lancinet, nonne imperio Dei movebitur ad quedam sonare verba, ipso distinguente qui maiora distinxit? Quid ni?

Quare ad hoc et ad quedam alia hec sufficere credimus.

V. Opinantes autem non sine ratione, tam ex superioribus quam inferioribus sumpta, ad ipsum Deum primitus primum hominem direxisse locutionem, rationabiliter dicimus ipsum loquentem primum, mox postquam afflatus est ab animante Virtute, incunctanter fuisse locutum. Nam in homine sentiri humanius credimus quam sentire, dumunodo sentiatur et sentiat tanquam homo. Si ergo faber ille atque perfectionis principium et amator afflando primum nostrum omni perfectione complevit, rationabile nobis apparet nobilissimum animal non ante sentire quam sentiri cepisse.

Si quis vero fatetur contra obiciens quod non oportebat illum loqui, cum solus adhuc homo existeret, et Deus omnia sine verbis archana nostra discernat etiam ante quam nos — cum illa reverentia dicimus qua uti oportet cum de eterna Voluntate aliquid iudicamus, quod licet Deus sciret, immo presciret (quod idem est quantum ad Deum) absque locutione conceptum primi loquentis, voluit tamen et ipsum loqui, ut in explicatione tante dotis gloriaretur ipse qui gratis dotaverat. Et ideo divinitus in nobis esse credendum est quod in actu nostrorum effectuum ordinato letamur.

Et hinc penitus elicere possumus locum illum ubi effutita est prima locutio: quoniam, si extra paradisum afflatus est homo, extra, si vero intra, intra fuisse locum prime locutionis convicimus.

VI. Quoniam permultis ac diversis ydiomatibus negotium exercitatur humanum, ita quod multi multis non aliter intelligantur verbis quam sine verbis, de ydiomate illo venari nos decet quo vir sine matre, vir sine lacte, qui nec pupillarem etatem nec vidit adultam, creditur usus.

In hoc, sicut etiam in multis aliis, Petramala civitas amplissima est, et patria maiori parti filiorum Adam. Nam quicunque tam obscene rationis est ut locum sue nationis delitiosissimum credat esse sub sole, hic etiam pre cunctis proprium vulgare licetur, idest maternam locutionem, et per consequens credit ipsum fuisse illud quod fuit Ade.

Nos autem, cui mundus est patria velut piscibus equor, quanquam Sarnum biberimus ante dentes et Florentiam adeo diligamus ut, quia dileximus, exilium patiamur iniuste, rationi magis quam sensui spatulas nostri iudicii podiamus. Et quamvis ad voluptatem nostram sive nostre sensualitatis quietem in terris amenior locus quam Florentia non existat, revolventes et poetarum et aliorum scriptorum volumina quibus mundus universaliter et membratim describitur, ratiocinantesque in nobis situationes varias mundi locorum et eorum habitudinem ad utrunque polum et circulum equatorem, multas esse perpendimus firmiterque censemus et magis nobiles et magis delitiosas et regiones et urbes quam Tusciam et Florentiam, unde sumus oriundus et civis, et plerasque nationes et gentes delectabiliori atque utiliori sermone uti quam Latinos.

Redeuntes igitur ad propositum, dicimus certam formam locutionis a Deo cum anima prima concreatam fuisse. Dico autem 'formam' et quantum ad rerum vocabula et quantum ad vocabulorum constructionem et quantum ad constructionis prolationem: qua quidem forma omnis lingua loquentium uteretur, nisi culpa presumptionis humane dissipata fuisset, ut inferius ostendetur.

Hac forma locutionis locutus est Adam; hac forma locutionis locuti sunt omnes posteri eius usque ad edificationem turris Babel, que 'turris confusionis' interpretatur; hanc formam locutionis hereditati sunt filii Heber, qui ab eo dicti sunt Hebrei.

Hiis solis post confusionem remansit, ut Redemptor noster, qui ex illis oriturus erat secundum humanitatem, non lingua confusionis, sed gratie frueretur.

Fuit ergo hebraicum ydioma illud quod primi loquentis labia fabricarunt.

VII. Dispudet, heu, nunc humani generis ignominiam renovare! Sed quia preferire non possumus quin transeamus per illam, quanquam rubor ad ora consurgat animusque refugiat, percurremus.

O semper natura nostra prona peccatis! O ab initio et nunquam desinens nequitatrix! Num fuerat satis ad tui correptionem quod, per primam prevaricationem eluminata, delitiarum exulabas a patria? Num satis quod, per universalem familie tue luxuriem et trucitatem, unica riservata domo, quicquid tui iuris erat cataclismo perierat, et que commiseras tu animalia celi terreque iam luerant? Quippe satis extiterat. Sed, sicut proverbialiter dici solet 'Non ante tertium equitabis', misera miserum venire maluisti ad equum.

Ecce, lector, quod vel oblitus homo vel vilipendens disciplinas priores, et avertens oculos a vibicibus que remanserant, tertio insurrexit ad verbera, per superbam stultitiam presumendo.

Presumpsit ergo in corde suo incurabilis homo, sub persuasione gigantis Nembroth, arte sua non solum superare naturam, sed etiam ipsum naturantem, qui Deus est, et cepit edificare turrim in Sennaar, que postea dicta est Babel, hoc est 'confusio', per quam celum sperabat ascendere, intendens inscius non equare, sed suum superare Factorem.

O sine mensura clementia celestis imperii! Quis patrum tot sustineret insultus a filio? Sed exurgens non hostili scutica sed paterna et alias verberibus assueta, rebellantem filium pia correctione nec non memorabili castigavit.

Siquidem pene totum humanum genus ad opus iniquitatis coierat: pars imperabant, pars architectabantur, pars muros moliebantur, pars amussibus regulabant, pars trullis linebant, pars scindere rupes, pars mari, pars terra vehere intendebant, partesque diverse diversis aliis operibus indulgebant; cum celitus tanta confusione percussi sunt ut, qui omnes una eademque loquela deserviebant ad opus, ab opere multis diversificati loquelis desinerent et nunquam ad idem commertium convenirent.

Solis etenim in uno convenientibus actu eadem loquela remansit: puta cunctis architectoribus una, cunctis saxa volventibus una, cunctis ea parantibus una; et sic de singulis operantibus accidit. Quot quot autem exercitii varietates tendebant ad opus, tot tot ydiomatibus tunc genus humanum disiungitur; et quanto excellentius exercebant, tanto rudius nunc barbariusque locuntur.

Quibus autem sacratum ydioma remansit nec aderant nec exercitium commendabant, sed graviter detestantes stoliditatem operantium deridebant. Sed hec minima pars, quantum ad numerum, fuit de semine Sem, sicut conicio, qui fuit tertius filius Noe: de qua quidem ortus est populus Israel, qui antiquissima locutione sunt usi usque ad suam dispersionem.

VIII. Ex precedenter memorata confusione linguarum non leviter opinamur per universa mundi climata climatumque plagas incolendas et angulos tunc primum homines fuisse dispersos. Et cum radix humane propaginis principalis in oris orientalibus sit plantata, nec non ab inde ad utrunque latus per diffusos multipliciter palmites nostra sit extensa propago, demumque ad fines occidentales protracta, forte primitus tunc vel totius Europe flumina, vel saltim quedam, rationalia guctura potaverunt.

Sed sive advene tunc primitus advenissent, sive ad Europam indigene repedassent, ydioma secum tripharium homines actulerunt; et afferentium hoc alii meridionalem, alii septentrionalem regionem in Europa sibi sortiti sunt; et tertii, quos nunc Grecos vocamus, partim Europe, partim Asye occuparunt.

Ab uno postea eodemque ydiomate in vindice confusione recepto diversa vulgaria traxerunt originem, sicut inferius ostendemus.

Nam totum quod ab hostiis Danubii sive Meotidis paludibus usque ad fines occidentales Anglie Ytalorum Francorumque finibus et Oceano limitatur, solum unum obtinuit ydioma, licet postea per Sclavones, Ungaros, Teutonicos, Saxones, Anglicos et alias nationes quamplures fuerit per diversa vulgaria dirivatum, hoc solo fere omnibus in signum eiusdem principio remanente, quod quasi predicti omnes jo affermando respondent.

Ab isto incipiens ydiomate, videlicet a finibus Ungarorum versus orientem, aliud occupavit totum quod ab inde vocatur Europa, nec non ulterius est protractum.

Totum vero quod in Europa restat ab istis, tertium tenuit ydioma, licet nunc tripharium videatur: nam alii *oc,* alii *oïl,* alii *sì* affirmando locuntur, ut puta Yspani, Franci et Latini. Signum autem quod ab uno eodemque ydiomate istarum trium gentium progrediantur vulgaria, in promptu est, quia multa per eadem vocabula nominare videntur, ut *Deum, celum, amorem, mare, terram, est, vivit, moritur, amat,* alia fere omnia.

Istorum vero proferentes *oc* meridionalis Europe tenent partem occidentalem, a Ianuensium finibus incipientes. Qui autem *sì* dicunt a predictis finibus orientalem tenent, videlicet usque ad promuntorium illud Ytalie qua sinus Adriatici maris incipit, et Siciliam. Sed loquentes *oïl* quodam modo septentrionales sunt respectu istorum: nam ab oriente Alamannos habent et ab occidente et settentrione anglico mari vallati sunt et montibus Aragonie terminati; a meridie quoque Provincialibus et Apenini devexione clauduntur.

IX. Nos autem oportet quam nunc habemus rationem periclitari, cum inquirere intendamus de hiis in quibus nullius autoritate fulcimur, hoc est de unius eiusdemque a principio ydiomatis variatione secuta. Et quia per notiora itinera salubrius breviusque transitur, per illud tantum quod nobis est ydioma pergamus, alia desinentes: nam quod in uno est rationali, videtur in aliis esse causa.

Est igitur super quod gradimur ydioma tractando tripharium, ut superius dictum est: nam alii *oc,* alii *sì,* alii *vero* dicunt *oïl.* Et quod unum fuerit a principio confusionis (quod prius probandum est) apparet, quia convenimus in vocabulis multis, velut eloquentes doctores ostendunt: que quidem convenientia ipsi confusioni repugnat, que ruit celitus in edificatione Babel.

Trilingues ergo doctores in multis conveniunt, et maxime in hoc vocabulo quod est 'amor'.

Gerardus de Brunel:

> *Sim sentis fezelz amics,*
> *per ver encusera amor.*

Rex Navarre:
> *De fin amor si vient sen et bonté;*

Dominus Guido Guinizelli:

Nè fe amor prima che gentil core,
ne gentil core prima che amor, natura.

Quare autem tripharie principaliter variatum sit, investigemus; et quare quelibet istarum variationum in se ipsa variatur, puta dextre Ytalie locutio ab ea que est sinistre (nam aliter Paduani et aliter Pisani locuntur); et quare vicinius habitantes adhuc discrepant in loquendo, ut Mediolanenses et Veronenses, Romani et Florentini, nec non convenientes in eodem genere gentis, ut Neapoletani et Caetani, Ravennates et Faventini, et, quod mirabilius est, sub eadem civilitate morantes, ut Bononienses Burgi Sancti Felicis et Bononienses Strate Maioris.

Hee omnes differentie atque sermonum varietates quid accidant, una eademque ratione patebit.

Dicimus ergo quod nullus effectus superat suam causam, in quantum effectus est, quia nil potest efficere quod non est. Cum igitur omnis nostra loquela — preter illam homini primo concreatam a Deo — sit a nostro beneplacito reparata post confusionem illam que nil aliud fuit quam prioris oblivio, et homo sit instabilissimum atque variabilissimum animal, nec durabilis nec continua esse potest, sed sicut alia que nostra sunt, puta mores et habitus, per locorum temporumque distantias variari oportet.

Nec dubitandum reor modo in eo quod diximus 'temporum', sed potius opinamur tenendum: nam si alia nostra opera perscrutemur, multo magis discrepare videmur a vetustissimis concivibus nostris quam a coetaneis perlonginquis. Quapropter audacter testamur quod si vetustissimi Papienses nunc resurgerent, sermone vario vel diverso cum modernis Papiensibus loquerentur.

Nec aliter mirum videatur quod dicimus quam percipere iuvenem exoletum quem exolescere non videmus: nam que paulatim moventur, minime perpenduntur a nobis, et quanto longiora tempora variatio rei ad perpendi requirit, tanto rem illam stabiliorem putamus.

Non etenim ammiramur, si extimationes hominum qui parum distant a brutis putant eandem civitatem sub invariabili semper civicasse sermone, cum sermonis variatio civitatis eiusdem non sine longissima temporum successione paulatim contingat, et hominum vita sit etiam, ipsa sua natura, brevissima.

Si ergo per eandem gentem sermo variatur, ut. dictum est, successive per tempora, nec stare ullo modo potest, necesse est ut disiunctim abmotimque morantibus varie varietur, ceu varie variantur mores et habitus, qui nec natura nec consortio confirmantur, sed humanis beneplacitis localique congruitate nascuntur.

Hinc moti sunt inventores gramatice facultatis: que quidem gramatica nichil aliud est quam quedam inalterabilis locutionis ydemptitas diversibus temporibus atque locis. Hec cum de comuni consensu multarum gentium fuerit regulata, nulli singolari arbitrio videtur obnoxia, et per consequens nec variabilis esse potest. Adinvenerunt ergo illam ne, propter variationem sermonis arbitrio singulariurn fluitantis, vel nullo modo vel saltim imperfecte antiquorum actingeremus autoritates et gesta, sive illorum quos a nobis locorum diversitas facit esse diversos.

X. Triphario nunc existente nostro ydiomate, ut superius dictum est, in comparatione sui ipsius, secundum quod trisonum factum est, cum tanta timiditate cunctamur librantes quod hanc vel istam vel illam partem in comparando preponere non audemus, nisi eo quo gramatice positores inveniuntur accepisse 'sic' adverbium affirmandi: quod quandam anterioritatem erogare videtur Ytalis, qui *si* dicunt.

Quelibet enim partium largo testimonio se tuetur. Allegat ergo pro se lingua *oïl* quod propter sui faciliorem se delectabiliorem vulgaritatem quicquid redactum est sive inventum ad vulgare prosaycum, suum est: videlicet Biblia cum Troianorum Romanorumque gestibus compilata et Arturi regis ambages pulcerrime et quamplures alie ystorie ac doctrine.

Pro se vero argumentatur alia, scilicet *oc,* quod vulgares eloquentes in ea primitus poetati sunt tanquam in perfectiori dulciorique loquela, ut puta Petrus de Alvernia et alii antiquiores doctores.

Tertia quoque, que Latinorum est, se duobus privilegiis actestatur preesse: primo quidem quod qui dulcius subtiliusque poetati vulgariter sunt, hii familiares et domestici sui sunt, puta Cynus Pistoriensis et amicus eius; secundo quia magis videntur inniti gramatice que comunis est, quod rationabiliter inspicientibus videtur gravissimum argumentum.

Nos vero iudicium relinquentes in hoc et tractatum nostrum ad vulgare latium retrahentes, et receptas in se variationes dicere nec non illas invicem comparare conemur.

Dicimus ergo primo Latium bipartitum esse in dextrum et sinistrum. Si quis autem querat de linea dividente, breviter respondemus esse iugum Apenini, quod, ceu fistule culmen hinc inde ad diversa stillicidia grundat aquas, ad alterna hinc inde litora per ymbricia longa distillat, ut Lucanus in secundo describit: dextrum quoque latus Tyrenum mare grundatorium habet, levum vero in Adriaticum cadit.

Et dextri regiones sunt Apulia, sed non tota, Roma, Ducatus, Tuscia et Ianuensis Marchia; sinistri autem pars Apulie, Marchia Anconitana, Romandiola, Lombardia, Marchia Trivisiana cum Venetiis. Forum Iulii vero et Ystria non nisi leve Ytalie esse possunt; nec insule Tyreni maris, videlicet Sicilia et Sardinia, non nisi dextre Ytalie sunt, vel ad dextram Ytaliam sociande.

In utroque quidem duorum laterum, et hiis que secuntur ad ea, lingue hominum variantur: ut lingua Siculorum cum Apulis, Apulorum cum Romanis, Romanorum cum Spoletanis, horum cum Tuscis, Tuscorum cum Ianuensibus, Ianuensium cum Sardis; nec non Calabrorum cum Anconitanis, horum cum Romandiolis, Romandiolorum cum Lombardis, Lombardorum curn Trivisianis et Venetis, horum cum Aquilegiensibus, et istorum cum Ystrianis. De quo Latinorum neminem nobiscum dissentire putamus.

Quare ad minus xiiii vulgaribus sola videtur Ytalia variari. Que adhuc omnia vulgaria in sese variantur, ut puta in Tuscia Senenses et Aretini, in Lombardia Ferrarenses et Placentini; nec non in eadem civitate aliqualem variationem perpendimus, ut superius in capitulo immediato posuimus. Quapropter, si primas et secundarias et subsecundarias vulgaris Ytalie variationes calcolare velimus, et in hoc minimo mundi angulo non solum ad millenam loquele variationem venire contigerit, sed etiam ad magis ultra.

XI. Quam multis varietatibus latio dissonante vulgari, decentiorem atque illustrem Ytalie venemur loquelam; et ut nostre venationi pervium callem habere possimus, perplexos frutices atque sentes prius eiciamus de silva.

Sicut ergo Romani se cunctis preponendos existimant, in hac eradicatione sive discerptione non inmerito eos aliis preponamus, protestantes eosdem in nulla vulgaris eloquentie ratione fore tangendos. Dicimus igitur Romanorum non vulgare, sed potius tristiloquium, ytalorum vulgarium omnium esse turpissimum; nec mirum, cum etiam morum habituumque deformitate pre cunctis videantur fetere. Dicunt enim: *Messure, quinto dici?*

Post hos incolas Anconitane Marchie decerpamus, qui *Chignamente scate, sciate* locuntur: cum quibus et Spoletanos abicimus.

Nec pretereundum est quod in improperium istarum trium gentium cantiones quamplures invente sunt: inter quas unam vidimus recte atque perfecte ligatam, quam quidam Florentinus nomine Castra posuerat; incipiebat etenim:

> *Una fermana scopai da Casciòli,*
> *cita cita sen gia 'n grande aina.*

Post quos Mediolanenses atque Pergameos eorumque finitimos eruncemus, in quorum etiam improperium quendam cecinisse recolimus

> *Enter l'ora del vesper,*
> *ciò fu del mes d'occhiover.*

Post hos Aquilegienses et Ystrianos cribremus, qui *Ces fas tu?* crudeliter accentuando eructuant. Cumque hiis montaninas omnes et rusticanas loquelas eicimus, que semper mediastinis civibus accentus enormitate dissonare videntur, ut Casentinenses et Fractenses.

Sardos etiam, qui non Latii sunt sed Latiis associandi videntur, eiciamus, quoniam soli sine proprio vulgari esse videntur, gramaticam tanquam simie homines imitantes: nam *domus nova* et *dominus meus* locuntur.

XII. Exaceratis quodam modo vulgaribus ytalis, inter ea que remanserunt in cribro comparationem facientes honorabilius atque honorificentius breviter seligamus.

Et primo de siciliano examinemus ingenium: nam videtur sicilianum vulgare sibi famam pre aliis asciscere eo quod quicquid poetantur Ytali sicilianum vocatur, et eo quod perplures doctores indigenas invenimus graviter cecinisse, puta in cantionibus illis

Ancor che l'aigua per lo foco lassi

et

Amor, che lungiamente m'ài menato.

Sed hec fama trinacrie terre, si rccte signum ad quod tendit inspiciamus, videtur tantum in obproprium ytalorum principum remansisse, qui non heroico more sed plebeio secuntur superbiam.

Siquidem illustres heroes, Fredericus cesar et benegenitus eius Manfredus, nobilitatem ac rectitudinem sue forme pandentes, donec fortuna permisit humana secuti sunt, brutalia dedignantes. Propter quod corde nobiles atque gratiarum dotati inherere tantorum principum maiestati conati sunt, ita ut eorum tempore quicquid excellentes animi Latinorum enitebantur primitus in tantorum coronatorum aula prodibat; et quia regale solium erat Sicilia, factum est ut quicquid nostri predecessores vulgariter protulerunt, sicilianum vocaretur: quod quidem retinemus et nos, nec posteri nostri permutare valebunt.

Racha, racha. Quid nunc personat tuba novissimi Frederici, quid tintinabulum secundi Karoli, quid cornua

Iohannis et Azonis marchionum potentum, quid aliorum magnatum tibie, nisi 'Venite carnifices, venite altriplices, venite avaritie sectatores'?

Sed prestat ad propositum repedare quam frustra loqui. Et dicimus quod, si vulgare sicilianum accipere volumus secundum quod prodit a terrigenis mediocribus, ex ore quorum iudicium eliciendum videtur, prelationis honore minime dignum est, quia non sine quodam tempore profertur; ut puta ibi:

Tragemi d'este focora se t'este a boluntate.

Si autem ipsum accipere volumus secundum quod ab ore primorum Siculorum emanat, ut in preallegatis cantionibus perpendi potest, nichil differt ab illo quod laudabilissimum est, sicut inferius ostendemus.

Apuli quoque vel sui acerbitate vel finitimorum suorum contiguitate, qui Romani et Marchiani sunt, turpiter barbarizant: dicunt enim:

Volzera che chiangesse lo quatraro.

Sed quamvis terrigene Apuli loquantur obscene comuniter, prefulgentes eorum quidam polite locuti sunt, vocabula curialiora in suis cantionibus compilantes, ut manifeste apparet eorum dicta perspicientibus, ut puta:

Madonna, dire vi volglio,

et

Per fino amore vo sì letamente.

Quapropter superiora notantibus innotescere debet nec siculum nec apulum esse illud quod in Ytalia pulcerrimum est vulgare, cum eloquentes indigenas ostenderimus a proprio divertisse.

XIII. Post hec veniamus ad Tuscos, qui propter amentiam suam infroniti titulum sibi vulgaris illustris arrogare videntur. Et in hoc non solum plebeia dementat intentio, sed famosos quamplures viros hoc tenuisse comperimus: puta Guittonem Aretinum, qui nunquam se ad curiale vulgare direxit, Bonagiuntam Lucensem, Gallum Pisanum, Minum Mocatum Senensem, Brunectum Florentinum, quorum dicta, si rimari vacaverit, non curialia sed municipalia tantum invenientur. Et quoniam Tusci pre aliis in hac ebrietate baccantur, dignum utileque videtur municipalia vulgaria Tuscanorum sigillatim in aliquo depompare.

Locuntur Florentini et dicunt:

Manichiamo introcque, che noi non facciano atro.

Pisani:

Bene andonno li fatti de Fiorensa per Pisa.

Lucenses:

Fo voto a Dio, ke in gassarra
eie lo comuno de Lucca.

Senenses:

Onche renegata avesse io Siena.
Ch'ee chesto?

Aretini:

Vo' tu venire ovelle?

De Perusio, Urbe Veteri, Viterbio, nec non de Civitate Castellana, propter affinitatem quam habent cum Romanis et Spoletanis, nichil tractare intendimus.

Sed quanquam fere omnes Tusci in suo turpiloquio sint obtusi, nonnullos vulgaris excellentiam cognovisse sentimus, scilicet Guidonem, Lapum et unum alium, Florentinos, et

21

Cynum Pistoriensem, quem nunc indigne postponimus, non indigne coacti.

Itaque si tuscanas examinemus loquelas, et pensemus qualiter viri prehonorati a propria diverterunt, non restat in dubio quin aliud sit vulgare quod querimus quam quod actingit populus Tuscanorum.

Si quis autem quod de Tuscis asserimus, de Ianuensibus asserendum non putet, hoc solum in mente premat, quod si per oblivionem Ianuenses ammicterent *z* licteram, vel mutire totaliter eos vel novam reparare oporteret loquelam. Est enim *z* maxima pars eorum locutionis; que quidem lictera non sine multa rigiditate profertur.

XIV. Transeuntes nunc humeros Apenini frondiferos levam Ytaliam contatim venemur ceu solemus, orientaliter ineuntes.

Romandiolam igitur ingredientes, dicimus nos duo in Latio invenisse vulgaria quibusdam convenientiis contrariis alternata. Quorum unum in tantum muliebre videtur propter vocabulorum et prolationis mollitiem quod virum, etiam si viriliter sonet, feminam tamen facit esse credendum.

Hoc Romandiolos omnes habet, et presertim Forlivienses, quorum civitas, licet novissima sit, meditullium tamen esse videtur totius provincie: hii *deusci* affirmando locuntur, et *oclo meo* et *corada mea* proferunt blandientes. Horum aliquos a proprio poetando divertisse audivimus, Thomam videlicet et Ugolinum Bucciolam Faventinos.

Est et aliud, sicut dictum est, adeo vocabulis accentibusque yrsutum et yspidum quod propter sui rudem asperitatem mulierem loquentem non solum disterminat, sed esse virum dubitares lector.

Hoc omnes qui *magara* dicunt, Brixianos videlicet, Veronenses et Vigentinos, habet; nec non Paduanos, turpiter sincopantes omnia in *-tus* participia et denominativa in *-tas,* ut *mercò* et *bontè.* Cum quibus et Trivisianos adducimus, qui more Brixianorum et finitimorum suorum *u* consonantem per *f* apocopando proferunt, puta *nof* pro 'novem' et *vif* pro 'vivo': quod quidem barbarissimum reprobamus.

Veneti quoque nec sese investigati vulgaris honore dignantur: et si quis eorum, errore confossus, vanitaret in hoc, recordetur si unquam dixit:

Per le plaghe de Dio tu non verras.

Inter quos omnes unum audivimus nitentem divertire a materno et ad curiale vulgare intendere, videlicet Ildebrandinum Paduanum.

Quare, omnibus presentis capituli ad iudicium comparentibus, arbitramur nec romandiolum, nec suum oppositum ut dictum est, nec venetianum esse illud quod querimus vulgare illustre.

XV. Illud autem quod de ytala silva residet percontari conemur expedientes.

Dicimus ergo quod forte non male opinantur qui Bononienses asserunt pulcriori locutione loquentes, cum ab Ymolensibus, Ferrarensibus et Mutinensibus circunstantibus aliquid proprio vulgari asciscunt, sicut facere quoslibet a finitimis suis conicimus, ut Sordellus de Mantua sua ostendit, Cremone, Brixie atque Verone confini: qui, tantus eloquentie vir existens, non solum in poetando sed quomodocunque loquendo patrium vulgare descruit.

Accipiunt enim prefati cives ab Ymolensibus lenitatem atque mollitiem, a Ferrarensibus vero et Mutinensibus aliqualem garrulitatem que proprie Lombardorum est: hanc ex commixtione advenarum Longobardorum terrigenis credimus remansisse.

Et hec est causa quare Ferrarensium, Mutinensium vel Regianorum nullum invenimus poetasse: nam proprie garrulitati assuefacti nullo modo possunt ad vulgare aulicum sine quadam acerbitate venire. Quod multo magis de Parmensibus est putandum, qui *monto* pro 'multo' dicunt.

Si ergo Bononienses utrinque accipiunt, ut dictum est, rationabile videtur esse quod eorum locutio per conmixtionem oppositorum ut dictum est ad laudabilem suavitatem remaneat temperata: quod procul dubio nostro iudicio sic esse censemus.

Itaque si preponentes eos in vulgari sermone sola municipalia Latinorum vulgaria comparando considerant, allubescentes concordamus cum illis; si vero simpliciter vulgare bononiense preferendum existimant, dissentientes discordamus ab eis. Non etenim est quod aulicum et illustre vocamus: quoniam, si fuisset, maximus Guido Guinizelli, Guido Ghisilerius, Fabrutius et Honestus et alii poetantes Bononie nunquam a proprio divertissent: qui doctores fuerunt illustres et vulgarium discretione repleti. Maximus Guido:

Madonna, lo fino amore ch'io vi porto;

Guido Ghisilerius:

Donna, lo fermo core;

Fabrutius:

Lo meo lontano gire;

Honestus:

Più non attendo il tuo soccorso, Amore.

Que quidem verba prorsus a mediastinis Bononie sunt diversa.

Cumque de residuis in extremis Ytalie civitatibus neminem dubitare pendamus (et si quis dubitat, illum nulla nostra solutione dignamur), parum restat in nostra discussione dicendum. Quare, cribellum cupientes deponere, ut residentiam cito visamus, dicimus Tridentum atque Taurinum nec non Alexandriam civitates metis Ytalie in tantum sedere propinquas quod puras nequeunt habere loquelas; ita quod si etiam quod turpissimum habent vulgare, haberent pulcerrimum, propter aliorum commixtionem esse vere latium negaremus. Quare, si latium illustre venamur, quod venamur in illis inveniri non potest.

XVI. Postquam venati saltus et pascua sumus Ytalie, nec pantheram quam sequimur adinvenimus, ut ipsam reperire possimus rationabilius investigemus de illa ut, solerti studio, redolentem ubique et necubi apparentem nostris penitus irretiamus tenticulis.

Resumentes igitur venabula nostra, dicimus quod in omni genere rerum unum esse oportet quo generis illius omnia comparentur et ponderentur, et a quo omnium aliorum mensuram accipiamus: sicut in numero cuncta mensurantur uno, et plura vel pauciora dicuntur secundum quod distant ab uno vel ei propinquant, et sicut in coloribus omnes albo mensurantur; nam visibiles magis et minus dicuntur secundum quod accedunt vel recedunt ab albo. Et quemadmodum de hiis dicimus que quantitatem et qualitatem ostendunt, de predicamentorum quolibet, etiam de substantia, posse dici putamus: scilicet ut unumquodque mensurabile sit, secundum quod in genere est, illo quod simplicissimum est in ipso genere.

Quapropter in actionibus nostris, quantumcunque dividantur in species, hoc signum inveniri oportet quo et ipse mensurentur. Nam, in quantum simpliciter ut homines agimus, virtutem habemus (ut generaliter illam intelligamus); nam secundum ipsam bonum et malum hominem iudicamus; in quantum ut homines cives agimus, habemus legem, secundum quam dicitur civis bonus et malus; in quantum ut homines latini agimus, quedam habemus simplicissima signa et morum et habituum et locutionis, quibus latine actiones ponderantur et mensurantur.

Que quidem nobilissima sunt earum que Latinorum sunt actiones, hec nullius civitatis Ytalie propria sunt, et in omnibus comunia sunt: inter que nunc potest illud discerni vulgare quod superius venabamur, quod in qualibet redolet civitate nec cubat in ulla.

Potest tamen magis in una quam in alia redolere, sicut simplicissima substantiarum, que Deus est, in homine magis redolet quam in bruto, in animali quam in planta, in hac quam in minera, in hac quam in elemento, in igne quam in terra; et simplicissima quantitas, quod est unum, in impari numero redolet magis quam in pari; et simplicissimus color, qui albus est, magis in citrino quam in viride redolet.

Itaque, adepti quod querebamus, dicimus illustre, cardinale, aulicum et curiale vulgare in Latio quod omnis latie civitatis est et nullius esse videtur, et quo municipalia vulgaria omnia Latinorum mensurantur et ponderantur et comparantur.

XVII. Quare autem hoc quod repertum est, *illustre, cardinale, aulicum* et *curiale* adicientes vocemus, nunc disponendum est: per quod clarius ipsum quod ipsum est faciamus patere.

Primum igitur quid intendimus cum illustre adicimus, et quare illustre dicimus, denudemus. Per hoc quoque quod illustre dicimus, intelligimus quid illuminans et illuminatum prefulgens: et hoc modo viros appellamus illustres, vel quia potestate illuminati alios et iustitia et karitate illuminant, vel quia excellenter magistrati excellenter magistrent, ut Seneca et Numa Pompilius. Et vulgare de quo loquimur et sublimatum est magistratu et potestate, et suos honore sublimat et gloria.

Magistratu quidem sublimatum videtur, cum de tot rudibus Latinorum vocabulis, de tot perplexis constructionibus, de tot defectivis prolationibus, de tot rusticanis accentibus, tam egregium, tam extricatum, tam perfectum et tam urbanum videamus electum, ut Cynus Pistoriensis et amicus eius ostendunt in cantionibus suis.

Quod autem exaltatum sit potestate, videtur. Et quid maioris potestatis est quam quod humana corda versare potest, ita ut nolentem volentem et volentem nolentem faciat, velut ipsum et fecit et facit ?

Quod autem honore sublimet, in promptu est. Nonne domestici sui reges, marchiones, comites et magnates quoslibet fama vincunt?

Minime hoc probatione indiget. Quantum vero suos familiares gloriosos efficiat, nos ipsi novimus, qui huius dulcedine glorie nostrum exilium postergamus.

Quare ipsum *illustre* merito profiteri debemus.

XVIII. Neque sine ratione ipsum vulgare illustre decusamus adiectione secunda, videlicet ut id *cardinale* vocetur. Nam sicut totum hostium cardinem sequitur ut, quo cardo vertitur, versetur et ipsum, seu introrsum seu extrorsum flectatur, sic et universus municipalium grex vulgarium vertitur et revertitur, movetur et pausat secundum quod istud, quod quidem vere paterfamilias esse videtur. Nonne cotidie extirpat sentosos frutices de ytalia silva? Nonne cotidie vel plantas inserit vel plantaria plantat? Quid aliud agricole sui satagunt nisi ut amoveant et admoveant, ut dictum est? Quare prorsus tanto decusari vocabulo promeretur.

Quia vero *aulicum* nominamus illud causa est quod, si aulam nos Ytali haberemus, palatinum foret. Nam si aula totius regni comunis est domus et omnium regni partium gubernatrix augusta, quicquid tale est ut omnibus sit comune nec proprium ulli, conveniens est ut in ea conversetur et habitet, nec aliquod aliud habitaculum tanto dignum est habitante: hoc nempe videtur esse id de quo loquimur vulgare.

Et hinc est quod in regiis omnibus conversantes semper illustri vulgari locuntur; hinc etiam est quod nostrum illustre velut accola peregrinatur et in humilibus hospitatur asilis, cum aula vacemus.

Est etiam merito *curiale* dicendum, quia curialitas nil aliud est quam librata regula eorum que peragenda sunt: et quia statera huiusmodi librationis tantum in excellentissimis curiis esse solet, hinc est quod quicquid in actibus nostris bene libratum est, curiale dicatur. Unde cum istud in excellentissima Ytalorum curia sit libratum, dici curiale meretur.

Sed dicere quod in excellentissima Ytalorum curia sit libratum, videtur nugatio, cum curia careamus. Ad quod facile respondetur. Nam licet curia, secundum quod unita accipitur, ut curia regis Alamannie, in Ytalia non sit, membra tamen eius non desunt; et sicut membra illius uno Principe uniuntur, sic membra huius gratioso lumine rationis unita sunt. Quare falsum esset dicere curia carere Ytalos, quanquam Principe careamus, quoniam curiam habemus, licet corporaliter sit dispersa.

XIX. Hoc autem vulgare quod illustre, cardinale, aulicum et curiale ostensum est, dicimus esse illud quod vulgare latium appellatur. Nam sicut quoddam vulgare est invenire quod proprium est Cremone, sic quoddam est invenire quod proprium est Lombardie; et sicut est invenire aliquod quod sit proprium Lombardie, sic est invenire aliquod quod sit totius sinistre Ytalie proprium; et sicut omnia hec est invenire, sic et illud quod totius Ytalie est. Et sicut illud cremonense ac illud lombardum et tertium semilatium dicitur, sic istud, quod totius Ytalie est, latium vulgare vocatur. Hoc enim usi sunt doctores illustres qui lingua vulgari poetati sunt in Ytalia, ut Siculi, Apuli, Tusci, Romandioli, Lombardi et utriusque Marchie viri.

Et quia intentio nostra, ut polliciti sumus in principio huius operis, est doctrinam de vulgari eloquentia tradere, ab ipso tanquam ab excellentissimo incipientes, quos putamus ipso dignos uti, et propter quid, et quomodo, nec non ubi, et quando, et ad quos ipsum dirigendum sit, in inmediatis libris tractabimus. Quibus illuminatis, inferiora vulgaria illuminare curabimus, gradatim descendentes ad illud quod unius solius familie proprium est.

Caput Secundum

SOLLICITANTES iterum celeritatem ingenii nostri et ad calamum frugi operis redeuntes, ante omnia confitemur latium vulgare illustre tam prosayce quam metrice decere proferri. Sed quia ipsum prosaycantes ab avientibus magis accipiunt et quia quod avietum est prosaycantibus permanere videtur exemplar, et non e converso (que quendam videntur prebere primatum), primo secundum quod metricum est ipsum carminemus, ordine pertractantes illo quem in fine primi libri polluximus.

Queramus igitur prius, utrum omnes versificantes vulgariter debeant illud uti. Et superficietenus videtur quod sic, quia omnis qui versificatur suos versus exornare debet in quantum potest; quare, cum nullum sit tam grandis exornationis quam vulgare illustre, videtur quod quisquis versificator debeat ipsum uti.

Preterea: quod optimum est in genere suo, si suis inferioribus misceatur, non solum nil derogare videtur eis, sed ea meliorare videtur; quare si quis versificator, quanquam rude versificetur, ipsum sue ruditati admisceat, non solum bene facit, sed ipsum sic facere oportere videtur: multo magis opus est adiutorio illis qui pauca, quam qui multa possunt. Et sic apparet quod omnibus versificantibus liceat ipsum uti.

Sed hoc falsissimum est; quia nec semper excellentissime poetantes debent illud induere, sicut per inferius pertractata perpendi poterit.

Exigit ergo istud sibi consimiles viros, quemadmodum alii nostri mores et habitus; exigit enim magnificentia magna potentes, purpura viros nobiles: sic et hoc excellentes ingenio et scientia querit, et alios aspernatur, ut per inferiora patebit.

Nam quicquid nobis convenit, vel gratia generis, vel speciei, vel individui convenit, ut sentire, ridere, militare. Sed hoc non convenit nobis gratia generis, quia etiam brutis conveniret; nec gratia speciei, quia cunctis hominibus esset conveniens, de quo nulla questio est — nemo enim montaninis rusticana tractantibus hoc dicet esse conveniens; convenit ergo individui gratia.

Sed nichil individuo convenit nisi per proprias dignitates, puta mercari, militare ac regere; quare si convenientia respiciunt dignitates, hoc est dignos, et quidam digni, quidam digniores, quidam dignissimi esse possunt, manifestum est quod bona dignis, meliora dignioribus, optima dignissimis convenient.

Et cum loquela non aliter sit necessarium instrumentum nostre conceptionis quam equus militis, et optimis militibus optimi conveniant equi, ut dictum est, optimis conceptionibus optima loquela conveniet. Sed optime conceptiones non possunt esse nisi ubi scientia et ingenium est; ergo optima loquela non convenit nisi illis in quibus ingenium et scientia est. Et sic non omnibus versificantibus optima loquela conveniet, cum plerique sine scientia et ingenio versificentur, et per consequens nec optimum vulgare. Quapropter, si non omnibus competit, non omnes ipsum debent uti, quia inconvenienter agere nullus debet. Et ubi dicitur, quod quilibet suos versus exornare debet in quantum potest, verum esse testamur; sed nec bovem epiphiatum nec balteatum suem dicemus ornatum, immo potius deturpatum ridemus illum: est enim exornatio alicuius convenientis additio.

Ad illud ubi dicitur, quod superiora inferioribus admixta profectum adducunt, dicimus verum esse quando cesset discretio: puta si aurum cum argento conflemus; sed si discretio remanet, inferiora vilescunt: puta cum formose mulieres deformibus admiscentur. Unde cum sententia versificantium semper verbis discretive mixta remaneat, si non fuerit optima, optimo sociata vulgari non melior sed deterior apparebit, quemadmodum turpis mulier si auro vel serico vestiatur.

II. Postquam non omnes versificantes, sed tantum excellentissimos illustre uti vulgare debere astruximus, consequens est astruere, utrum omnia ipso tractanda sint aut non; et si non omnia, que ipso digna sunt segregatim ostendere.

Circa quod primo reperiendum est id quod intelligimus per illud quod dicimus dignum. Et dicimus dignum esse quod dignitatem habet, sicut nobile quod nobilitatem; et si cognito habituante habituatum cognoscitur in quantum huiusmodi, cognita dignitate cognoscemus et dignum.

Est etenim dignitas meritorum effectus sive terminus: ut, cum quis bene meruit, ad boni dignitatem profectum esse dicimus, cum male vero, ad mali; puta bene militantem ad victorie dignitatem, bene autem regentem ad regni, nec non mendacem ad ruboris dignitatem, et latronem ad eam que est mortis.

Sed cum in bene merentibus fiant comparationes, et in aliis etiam, ut quidam bene quidam melius quidam optime, quidam male quidam peius quidam pessime mereantur, et huiusmodi comparationes non fiant nisi per respectum ad terminum meritorum, quem dignitatem dicimus (ut dictum est), manifestum est ut dignitates inter se comparentur secundum magis et minus, ut quedam magne, quedam maiores, quedam maxime sint; et per consequens aliquid dignum, aliquid dignius, aliquid dignissimum esse constat.

Et cum comparatio dignitatum non fiat circa idem obiectum, sed circa diversa, ut dignius dicamus quod maioribus, dignissimum quod maximis dignum est (quia nichil eodem dignius esse potest), manifestum est quod optima optimis secundum rerum exigentiam digna sunt. Unde cum hoc quod dicimus *illustre* sit optimum aliorum vulgarium, consequens est ut sola optima digna sint ipso tractari, que quidem tractandorum dignissima nuncupamus.

Nunc autem que sint ipsa venemur. Ad quorum evidentiam sciendum est, quod sicut homo tripliciter spirituatus est, videlicet vegetabili, animali et rationali, triplex iter perambulat. Nam secundum quod vegetabile quid est, utile querit, in quo cum plantis comunicat; secundum quod animale, delectabile, in quo cum brutis; secundum quod rationale, honestum querit, in quo solus est, vel angelice sociatur. Propter hec tria quicquid agimus, agere videmur.

Et quia in quolibet istorum quedam sunt maiora, quedam maxima, secundum quod talia, que maxima sunt maxime pertractanda videntur, et per consequens maximo vulgari.

Sed disserendum est que maxima sint. Et primo in eo quod est utile: in quo, si callide consideremus intentum omnium querentium utilitatem, nil aliud quam salutem inveniemus. Secundo in eo quod est delectabile: in quo dicimus illud esse maxime delectabile quod per pretiosissimum obiectum appetitus delectat: hoc autem venus est. Tertio in eo quod est honestum: in quo nemo dubitat esse virtutem. Quare hec tria, salus videlicet, venus et virtus, apparent esse illa magnalia que sint maxime pertractanda, hoc est ea que maxime sunt ad ista, ut armorum probitas, amoris accensio et directio voluntatis.

Circa que sola, si bene recolimus, illustres viros invenimus vulgariter poetasse, scilicet Bertramum de Bornio arma, Arnaldum Danielem amorem, Gerardum de Bornello rectitudinem; Cynum Pistoriensem amorem, amicum eius rectitudinem. Bertramus etenim ait:

Non posc mudar c'un cantar non exparja.

Arnaldus:

L'aura amara fal bruol brancuz clarzir.

Gerardus:

Per solaz reveillar che s'es trop endormitz.

Cynus:

Digno sono eo de morte.

Amicus eius:

Doglia mi reca ne lo core ardire.

Arma vero nullum latium adhuc invenio poetasse. Hiis proinde visis, que canenda sint vulgari altissimo innotescunt.

III. Nunc autem quo modo ea coartare debemus que tanto sunt digna vulgari, sollicite vestigare conemur.

Volentes igitur modum tradere quo ligari hec digna existant, primo dicimus esse ad memoriam reducendum, quod vulgariter poetantes sua poemata multimode protulerunt, quidam per cantiones, quidam per ballatas, quidam per sonitus, quidam per alios inlegitimos et inregulares modos, ut inferius ostendetur.

Horum autem modorum cantionum modum excellentissimum esse pensamus; quare si excellentissima excellentissimis digna sunt, ut superius est probatum, illa que excellentissimo sunt digna vulgari, modo excellentissimo digna sunt, et per consequens in cantionibus pertractanda.

Quod autem modus cantionum sit talis ut dictum est, pluribus potest rationibus indagari. Prima quidem quia, cum quicquid versificamur sit cantio, sole cantiones hoc vocabulum sibi sortite sunt; quod nunquam sine vetusta provisione processit.

Adhuc: quicquid per se ipsum efficit illud ad quod factum est, nobilius esse videtur quam quod extrinseco indiget: sed cantiones per se totum quod debent efficiunt, quod ballate non faciunt: indigent enim plausoribus, ad quos edite sunt; ergo cantiones nobiliores ballatis esse sequitur extimandas, et per consequens nobilissimum aliorum esse modum illarum, cum nemo dubitet quin ballate sonitus nobilitate excellant.

Preterea: illa videntur nobiliora esse que conditori suo magis honoris afferunt: sed cantiones magis deferunt suis conditoribus quam ballate; igitur nobiliores sunt, et per consequens modus earum nobilissimus aliorum.

Preterea: que nobilissima sunt carissime conservantur: sed inter ea que cantata sunt, cantiones carissime conservantur, ut constat visitantibus libros; ergo cantiones nobilissime sunt, et per consequens modus earum nobilissimus est.

Ad hec: in artificiatis illud est nobilissimum quod totam comprehendit artem: cum igitur ea que cantantur artificiata existant, et in solis cantionibus ars tota comprehendatur, cantiones nobilissime sunt, et sic modus earum nobilissimus aliorum. Quod autem tota comprehendatur in cantionibus ars cantandi poetice, in hoc palatur, quod quicquid artis reperitur in omnibus aliis et in cantionibus reperitur; sed non convertitur hoc.

Signum autem horum que dicimus promptum in conspectu habetur; nam quicquid de cacuminibus illustrium capitum poetantium profluxit ad labia, in solis cantionibus invenitur.

Quare ad propositum patet quod ea que digna sunt vulgari altissimo in cantionibus tractanda sunt.

IV. Quando quidem aporiavimus extricantes qui sint aulico digni vulgari et que, nec non modum quem tanto dignamur honore ut solus altissimo vulgari conveniat, antequam migremus ad alia, modum cantionum, quem casu magis quam arte multi usurpare videntur, enucleemus; et qui hucusque casualiter est assumptus, illius artis ergasterium reseremus, modum ballatarurn et sonituum ommictentes, quia illum elucidare intendimus in quarto huius operis, cum de mediocri vulgari tractabimus.

Revisentes igitur ea que dicta sunt, recolimus nos eos qui vulgariter versificantur plerunque vocasse poetas: quod procul dubio rationabiliter eructare presumpsimus, quia prorsus poete sunt, si poesim recte consideremus; que nichil aliud est quam fictio rethorica musicaque poita.

Differunt tamen a magnis poetis, hoc est regularibus, quia magni sermone et arte regulari poetati sunt, hii vero casu, ut dictum est. Idcirco accidit ut, quantum illos proximius imitemur, tantum rectius poetemur. Unde nos doctrine operi intendentes, doctrinatas eorum poetrias emulari oportet.

Ante omnia ergo dicimus unumquenque debere materie pondus propriis humeris coequare, ne forte humerorum nimio gravata virtute in cenum cespitare necesse sit: hoc est quod magister noster Oratius precipit, cum in principio Poetrie 'Sumite materiam...' dicit.

Deinde in hiis que dicenda occurrunt debemus discretione potiri, utrum tragice, sive comice, sive elegiace sint canenda. Per tragediam superiorem stilum inducimus, per comediam inferiorem, per elegiam stilum intelligimus miserorum.

Si tragice canenda videntur, tunc assumendum est vulgare illustre, et per consequens cantionem oportet ligare. Si vero comice, tunc quandoque mediocre quandoque humile vulgare sumatur; et huius discretionem in quarto huius reservamus ostendere. Si autem elegiace, solum humile oportet nos sumere.

Sed ommittamus alios, et nunc, ut conveniens est, de stilo tragico pertractemus. Stilo equidem tragico tunc uti videmur, quando cum gravitate sententie tam superbia carminum quam constructionis elatio et excellentia vocabulorum concordat.

Quare, si bene recolimus summa summis esse digna iam fuisse probatum, et iste quem tragicum appellamus summus videtur esse stilorum, et illa que summe canenda distinximus isto solo sunt stilo canenda: videlicet salus, amor et virtus et que propter ea concipimus, dum nullo accidente vilescant.

Caveat ergo quilibet et discernat ea que dicimus; et quando hec tria pure cantare intendit, vel que ad ea directe ac pure secuntur, prius Elicone potatus, tensis fidibus ad supremum, secure plectrum tum movere incipiat.

Sed cautionem atque discretionem hanc accipere, sicut decet, hic opus et labor est, quoniam nunquam sine strenuitate ingenii et artis assiduitate scientiarumque habitu fieri potest. Et hii sunt quos poeta Eneidorum sexto Dei dilectos et ab ardente virtute sublimatos ad ethera deorumque filios vocat, quanquam figurate loquatur.

Et ideo confutetur illorum stultitia qui, arte scientiaque immunes, de solo ingenio confidentes, ad summa summe canenda prorumpunt; et a tanta presumptuositate desistant, et si anseres natura vel desidia sunt, nolint astripetam aquilam imitari.

V. De gravitate sententiarum vel satis dixisse videmur vel saltim totum quod operis est nostri: quapropter ad superbiam carminum festinemus.

Circa quod sciendum quod predecessores nostri diversis carminibus usi sunt in cantionibus suis, quod et moderni faciunt: sed nullum adhuc invenimus in carmen sillabicando endecadem transcendisse, nec a trisillabo descendisse. Et licet trisillabo carmine atque endecasillabo et omnibus intermediis cantores latii usi sint, pentasillabum et eptasillabum et endecasillabum in usu frequentiori habentur, et post hec trisillabum ante alia.

Quorum omnium endecasillabum videtur esse superbius, tam temporis occupatione quam capacitate sententie, constructionis et vocabulorum; quorum omnium specimen magis multiplicatur in illo, ut manifeste apparet: nam ubicunque ponderosa multiplicantur, multiplicatur et pondus.

Et hoc omnes doctores perpendisse videntur, cantiones illustres principiantes ab illo; ut Gerardus de Bornello:

Ara ausirez encabalitz cantars.

(Quod carmen, licet decasillabum videatur, secundum rei veritatem endecasillabum est: nam due consonantes extreme non sunt de sillaba precedente, et licet propriam vocalem non habeant, virtutem sillabe non tamen ammictunt; signum autem est quod rithimus ibi una vocali perficitur, quod esse non posset nisi virtute alterius ibi subintellecte.) Rex Navarre:

De fin amor si vient sen et bonté.

(Ubi, si consideretur accentus et eius causa, endecasillabum esse constabit.) Guido Guinizelli:

Al cor gentil repara sempre amore.

Iudex de Columpnis de Messana:
> *Amor, che lungiamente m'ài menato.*

Renaldus de Aquino:
> *Per fino amore vo sì letamente.*

Cynus Pistoriensis:
> *Non spero che già mai per mia salute.*

Amicus eius:
> *Amor, che movi tua vertù dal cielo.*

Et licet hoc quod dictum est celeberrimum carmen, ut dignum est, videatur omnium aliorum, si eptasillabi aliqualem societatem assumat, dummodo principatum obtineat, clarius magisque sursum superbire videtur. Sed hoc ulterius elucidandum remaneat.

Et dicimus eptasillabum sequi illud quod maximum est in celebritate. Post hoc pentasillabum et deinde trisillabum ordinamus. Neasillabum vero, quia triplicatum trisillabum videbatur, vel nunquam in honore fuit vel propter fastidium absolevit.

Parisillabis vero propter sui ruditatem non utimur nisi raro: retinent enim naturam suorum numerorum, qui numeris imparibus quemadmodum materia forme, subsistunt.

Et sic, recolligentes predicta, endecasillabum videtur esse superbissimum carmen: et hoc est quod querebamus. Nunc autem restat investigandum de constructionibus elatis et fastigiosis vocabulis; et demum, fustibus torquibusque paratis, promissum fascem, hoc est cantionem, quo modo viere quis debeat, instruemus.

VI. Quia circa vulgare illustre nostra versatur intentio, quod nobilissimum est aliorum, et ea que digna sunt illo cantari discrevimus, que tria nobilissima sunt, ut superius est astructum, et modum cantionarium selegimus illis, tanquam aliorum modorum summum, et, ut ipsum perfectius edocere possimus, quedam iam preparavimus, stilum videlicet atque carmen, nunc de constructione agamus.

Est enim sciendum quod constructionem vocamus regulatam compaginem dictionum, ut 'Aristotiles phylosophatus est tempore Alexandri'. Sunt enim quinque hic dictiones compacte regulariter, et unam faciunt constructionem.

Circa hanc quidem prius considerandum est quod constructionum alia congrua est, alia vero incongrua. Et quia, si primordium bene discretionis nostre recolimus, sola suprema venamur, nullum in nostra venatione locum habet incongrua, quia nec inferiorem gradum bonitatis promeruit. Pudeat ergo, pudeat ydiotas tantum audere deinceps ut ad cantiones prorumpant: quos non aliter deridemus quam cecum de coloribus distinguentem. Est ut videtur congrua quam sectamur.

Sed non minoris difficultatis accedit discretio priusquam quam querimus actingamus, videlicet urbanitate plenissimam. Sunt etenim gradus constructionum quamplures: videlicet insipidus, qui est rudium, ut 'Petrus amat multum dominam Bertam'.

Est et pure sapidus, qui est rigidorum scolarium vel magistrorum, ut 'Piget me cunctis pietate maiorem, quicunque in exilio tabescentes patriam tantum sompniando revisunt'; est et sapidus et venustus, qui est quorundam superficietenus rethoricam aurientium, ut 'Laudabilis discretio marchionis Estensis, et sua magnificentia preparata, cunctis illum facit esse dilectum'; est et sapidus et venustus etiam et excelsus, qui est

41

dictatorum illustrium, ut 'Eiecta maxima parte florum de sinu tuo, Florentia, nequicquam Trinacriam Totila secundus adivit'.

Hunc gradum constructionis excellentissimum nominamus, et hic est quem querimus cum suprema venemur, ut dictum est.

Hoc solum illustres cantiones inveniuntur contexte, ut Gerardus:

Si per mon Sobretots non fos.

Folquetus de Marsilia:

Tan m'abellis l'amoros pensamen.

Arnaldus Danielis:

Sols sui che sai lo sobraffan chem sorz.

Namericus de Belnui:

Nuls hom non pot complir addreciamen.

Namericus de Peculiano:

Si com l'arbres che per sobre carcar.

Rex Navarre:

Ire d'amor que en mon cor repaire.

Iudex de Messana:

Anchor che l'aigua per lo focho lassi.

Guido Guinizelli:

Tegno de folle impresa a lo ver dire.

Guido Cavalcanti:

Poi che de doglia core conven ch'io porti.

Cynus de Pistorio:

Avegna che io aggia più per tempo.

42

Amicus eius:

> *Amor che nella mente mi ragiona.*

Nec mireris, lector, de tot reductis autoribus ad memoriam: non enim hanc quam supremam vocamus constructionem nisi per huiusmodi exempla possumus indicare. Et fortassis utilissimum foret ad illam habituandam regulatos vidisse poetas, Virgilium videlicet, Ovidium Metamorfoseos, Statium atque Lucanum, nec non alios qui usi sunt altissimas prosas, ut Titum Livium, Plinium, Frontinum, Paulum Orosium, et multos alios quos amica sollicitudo nos visitare invitat.

Subsistant igitur ignorantie sectatores Guictonem Aretinum et quosdam alios extollentes, nunquam in vocabulis atque constructione plebescere desuetos.

VII. Grandiosa modo vocabula sub prelato stilo digna consistere, successiva nostre progressionis presentia lucidari expostulat.

Testamur proinde incipientes non minimum opus esse rationis discretionem vocabulorum habere, quoniam perplures eorum maneries inveniri posse videmus. Nam vocabulorum quedam puerilia, quedam muliebria, quedam virilia; et horum quedam silvestria, quedam urbana; et eorum que urbana vocamus, quedam pexa et lubrica, quedam yrsuta et reburra sentimus. Inter que quidem, pexa atque yrsuta sunt illa que vocamus grandiosa, lubrica vero et reburra vocamus illa que in superfluum sonant; quemadmodum in magnis operibus quedam magnanimitatis sunt opera, quedam fumi: ubi, licet in superficie quidam consideretur ascensus, ex quo limitata virtutis linea prevaricatur, bone rationi non ascensus sed per altera declivia ruina constabit.

Intuearis ergo, lector, actente quantum ad exaceranda egregia verba te cribrare oportet: nam si vulgare illustre consideres, quo tragici debent uti poete vulgares, ut superius dictum est, quos informare intendimus, sola vocabula nobilissima in cribro tuo residere curabis.

In quorum numero nec puerilia propter sui simplicitatem, ut *mamma* et *babbo, mate* et *pate,* nec muliebria propter sui mollitiem, ut *dolciada* et *placevole,* nec silvestria propter austeritatem, ut *greggia* et *cetra,* nec urbana lubrica et reburra, ut *femina* et *corpo,* ullo modo poteris conlocare. Sola etenim pexa yrsutaque urbana tibi restare videbis, que nobilissima sunt et membra vulgaris illustris.

Et pexa vocamus illa que, trisillaba vel vicinissima trisillabitati, sine aspiratione, sine accentu acuto vel circumflexo, sine *z* vel *x* duplicibus, sine duarum liquidarum geminatione vel positione immediate post mutam, dolata quasi, loquentem cum quadam suavitate relinquunt: ut *amore, donna, disio, virtute, donare, letitia, salute, securtate, defesa.*

Yrsuta quoque dicimus omnia, preter hec, que vel necessaria vel ornativa videntur vulgaris illustris. Et necessaria quidem appellamus que campsare non possumus, ut quedam monosillaba, ut *sì, no, me, te, se, a, e, i, o, u,* interiectiones et alia multa. Ornativa vero dicimus omnia polisillaba que, mixta cum pexis, pulcram faciunt armoniam compaginis, quamvis asperitatem habeant aspirationis et accentus et duplicium et liquidarum et prolixitatis: ut *terra, honore, speranza, gravitate, alleviato, impossibilità, impossibilitate, benaventuratissimo, inanimatissimamente, disaventuratissimamente, sovramagnifi-centissimamente,* quod endecasillabum est. Posset adhuc inveniri plurium sillabarum vocabulum sive verbum, sed quia capacitatem omnium nostrorum carminum superexcedit, rationi presenti non videtur obnoxium, sicut est illud *honorificabilitudinitate,* quod duodena perficitur sillaba in vulgari et in gramatica tredena perficitur in duobus obliquis.

Quomodo autem pexis yrsuta huiusmodi sint armonizanda per metra, inferius instruendum relinquimus. Et que iam dicta sunt de fastigiositate vocabulorum ingenue discretioni sufficiant.

VIII. Preparatis fustibus torquibusque ad fascem, nunc fasciandi tempus incumbit. Sed quia cuiuslibet operis cognitio precedere debet operationem, velut signum ante ammissionem sagipte vel iaculi, primo et principaliter qui sit iste fascis quem fasciare intendimus videamus.

Fascis iste igitur, si bene comminiscimur omnia prelibata, cantio est. Quapropter quid sit cantio videamus, et quid intelligimus cum dicimus cantionem.

Est enim cantio, secundum verum nominis significatum, ipse canendi actus vel passio, sicut lectio passio vel actus legendi. Sed divaricemus quod dictum est, utrum videlicet hec sit cantio prout est actus, vel prout est passio.

Et circa hoc considerandum est quod cantio dupliciter accipi potest: uno modo secundum quod fabricatur ab autore suo, et sic est actio — et secundum istum modum Virgilius primo Eneidorum dicit 'Arma virumque cano'; alio modo secundum quod fabricata profertur vel ab autore vel ab alio quicunque sit, sive cum soni modulatione proferatur, sive non: et sic est passio. Nam tunc agitur; modo vero agere videtur in alium, et sic tunc alicuius actio, modo quoque passio alicuius videtur. Et quia prius agitur ipsa quam agat, magis, immo prorsus denominari videtur ab eo quod agitur, et est actio alicuius, quam ab eo quod agit in alios. Signum autem huius est quod nunquam dicimus 'Hec est cantio Petri' eo quod ipsam proferat, sed eo quod fabricaverit illam.

Preterea disserendum est utrum cantio dicatur fabricatio verborum armonizatorum, vel ipsa modulatio. Ad quod dicimus, quod nunquam modulatio dicitur cantio, sed sonus, vel tonus, vel nota, vel melos. Nullus enim tibicen, vel organista, vel cytharedus melodiam suam cantionem vocat, nisi in quantum nupta est alicui cantioni; sed armonizantes verba opera sua cantiones vocant, et etiam talia verba in cartulis absque prolatore iacentia cantiones vocamus.

Et ideo cantio nichil aliud esse videtur quam actio completa dicentis verba modulationi armonizata: quapropter tam cantiones quas nunc tractamus, quam ballatas et sonitus et omnia cuiuscunque modi verba sunt armonizata vuigariter et regulariter, cantiones esse dicemus.

Sed quia sola vulgaria ventilamus, regulata linquentes, dicimus vulgarium poematum unum esse suppremum, quod per superexcellentiam cantionem vocamus: quod autem suppremum quid sit cantio, in tertio huius libri capitulo est probatum. Et quoniam quod diffinitum est pluribus generale videtur, resumentes diffinitum iam generale vocabulum per quasdam differentias solum quod petimus distinguamus.

Dicimus ergo quod cantio, in quantum per superexcellentiam dicitur, ut et nos querimus, est equalium stantiarum sine responsorio ad unam sententiam tragica coniugatio, ut nos ostendimus cum dicimus:

Donne che avete intelletto d'amore.

Quod autem dicimus 'tragica coniugatio' est quia, cum comice fiat hec coniugatio, cantilenam vocamus per diminutionem: de qua in quarto huius tractare intendimus.

Et sic patet quid cantio sit, et prout accipitur generaliter et prout per superexcellentiam vocamus eam. Satis etiam patere videtur quid intelligimus cum cantionem vocamus, et per consequens quid sit ille fascis quem ligare molimur.

IX. Quia, ut dictum est, cantio est coniugatio stantiarum, ignorato quid sit stantia necesse est cantionem ignorare: nam ex diffinientium cognitione diffiniti resultat cognitio; et ideo consequenter de stantia est agendum, ut scilicet investigemus quid ipsa sit et quid per eam intelligere volumus.

Et circa hoc sciendum est quod hoc vocabulum per solius artis respectum inventum est, videlicet ut in quo tota cantionis ars esset contenta, illud diceretur stantia, hoc est mansio capax sive receptaculum totius artis. Nam quemadmodum cantio est gremium totius sententie, sic stantia totam artem ingremiat; nec licet aliquid artis sequentibus arrogare, sed solam artem antecedentis induere.

Per quod patet quod ipsa de qua loquimur erit congregatio sive compages omnium eorum que cantio sumit ab arte: quibus divaricatis, quam querimus descriptio innotescet.

Tota igitur, scilicet ars cantionis, circa tria videtur consistere: primo circa cantus divisionem, secundo circa partium habitudinem, tertio circa numerum carminum et sillabarum.

De rithimo vero mentionem non facimus, quia de propria cantionis arte non est. Licet enim in qualibet stantia rithimos innovare et eosdem reiterare ad libitum: quod, si de propria cantionis arte rithimus esset, minime liceret: quod dictum est. Si quid autem rithimi servare interest huius quod est ars, illud comprehenditur ibi cum dicimus 'partium habitudinem'.

Quare sic colligere possumus ex predictis diffinientes, et dicere stantiam esse sub certo cantu et habitudine limitatam carminum et sillabarum compagem.

X. Scientes quia rationale animal homo est et quia sensibilis anima et corpus est animal, et ignorantes de hac anima quid ea sit, vel de ipso corpore, perfectam hominis cognitionem habere non possumus: quia cognitionis perfectio uniuscuiusque terminatur ad ultima elementa, sicut magister sapientum in principio Physicorum testatur. Igitur ad habendam cantionis cognitionem quam inhiamus, nunc diffinientia suum diffiniens sub compendio ventilemus, et primo de cantu, deinde de habitudine, et postmodum de carminibus et sillabis percontemur.

Dicimus ergo quod omnis stantia ad quandam odam recipiendam armonizata est. Sed in modis diversificari videntur. Quia quedam sunt sub una oda continua usque ad ultimum progressive, hoc est sine iteratione modulationis cuiusquam et sine diesi; *diesim* dicimus deductionem vergentem de una oda in aliam (hanc voltam vocamus, cum vulgus alloquimur). Et huiusmodi stantia usus est fere in omnibus cantionibus suis Arnaldus Danielis, et nos eum secuti sumus cum diximus:

Al poco giorno e al gran cerchio d'ombra.

Quedam vero sunt diesim patientes: et diesis esse non potest, secundum quod eam appellamus, nisi reiteratio unius ode fiat, vel ante diesim, vel post, vel undique.

Si ante diesim repetitio fiat, stantiam dicimus habere *pedes;* et duos habere decet, licet quandoque tres fiant, rarissime tamen. Si repetitio fiat post diesim, tunc dicimus stantiam habere *versus.* Si ante non fiat repetitio, stantiam dicimus habere *frontem.* Si post non fiat, dicimus habere *sirma,* sive *caudam.*

Vide igitur, lector, quanta licentia data sit cantiones poetantibus, et considera cuius rei causa tam largum arbitrium usus sibi asciverit; et si recto calle ratio te duxerit, videbis auctoritatis dignitate sola quod dicimus esse concessum.

Satis hinc innotescere potest quomodo cantionis ars circa cantus divisionem consistat; et ideo ad habitudinem procedamus.

XI. Videtur nobis hec quam habitudinem dicimus maxima pars eius quod artis est; hec etenim circa cantus divisionem atque contextum carminum et rithimorum relationem consistit; quapropter diligentissime videtur esse tractanda.

Incipientes igitur dicimus quod frons cum versibus, pedes cum cauda vel sirmate, nec non pedes cum versibus, in stantia se diversimode habere possunt.

Nam quandoque frons versus excedit in sillabis et carminibus, vel excedere potest; et dicimus 'potest' quoniam habitudinem hanc adhuc non vidimus.

Quandoque in carminibus excedere et in sillabis superari potest, ut si frons esset pentametra et quilibet versus esset dimeter, et metra frontis eptasillaba et versus endecasillaba essent.

Quandoque versus frontem superant sillabis et carminibus, ut in illa quam dicimus:

Traggemi de la mente Amor la stiva.

Fuit hec tetrametra frons, tribus endecasillabis et uno eptasillabo contexta; non etenim potuit in pedes dividi, cum equalitas carminum et sillabarum requiratur in pedibus inter se, et etiam in versibus inter se.

Et quemadmodum dicimus de fronte, dicimus et de versibus. Possent etenim versus frontem superare carminibus, et sillabis superari, puta si versus duo essent et uterque trimeter, et eptasillaba metra, et frons esset pentametra, duobus endecasillabis et tribus eptasillabis contexta.

Quandoque vero pedes caudam superant carminibus et sillabis, ut in illa quam diximus:

Amor, che movi tua virtù dal cielo.

Quandoque pedes a sirmate superantur in toto, ut in illa quam diximus:

Donna pietosa e di novella etate.

Et quemadmodum diximus frontem posse superare carminibus, sillabis superatam (et e converso), sic de sirmate dicimus.

Pedes quoque versus in numero superant et superantur ab hiis: possunt enim esse in stantia tres pedes et duo versus, et tres versus et duo pedes; nec hoc numero limitamur, quin liceat plures et pedes et versus simul contexere.

Et quemadmodum de victoria carminum et sillabarum diximus inter alia, nunc etiam inter pedes et versus dicimus; nam eodem modo vinci et vincere possunt.

Nec pretermictendum est quod nos e contrario regulatis poetis pedes accipimus, quia illi carmen ex pedibus, nos vero ex carminibus pedem constare dicimus, ut satis evidenter apparet.

Nec etiam pretermictendum est quin iterum asseramus pedes ab invicem necessario carminum et sillabarum equalitatem et habitudinem accipere, quia non aliter cantus repetitio fieri posset. Hoc idem in versibus esse servandum astruimus.

XII. Est etiam, ut superius dictum est, habitudo quedam quam carmina contexendo considerare debemus: et ideo rationem faciamus de illa, repetentes proinde que superius de carminibus diximus.

In usu nostro maxime tria carmina frequentando prerogativam habere videntur, endecasillabum scilicet, eptasillabum et pentasillabum; que trisillabum ante alia sequi astruximus.

Horum prorsus, cum tragice poetari conamur, endecasillabum propter quandam excellentiam in contextu vincendi privilegium promeretur. Nam quedam stantia est que solis endecasillabis gaudet esse contexta, ut illa Guidonis de Florentia:

Donna me prega, perch'io volglio dire.

Et etiam nos dicimus:

Donne, ch'avete intelletto d'amore.

Hoc etiam Yspani usi sunt — et dico Yspanos qui poetati sunt in vulgari *oc*. Namericus de Belnui:

Nuls hom non pot complir addreciamen.

Quedam est in qua tantum eptasillabum intexitur unum: et hoc esse non potest nisi ubi frons est vel cauda, quoniam, ut dictum est, in pedibus atque versibus actenditur equalitas carminum et sillabarum.

Propter quod etiam nec numerus impar carminum potest esse ubi frons vel cauda non est; sed ubi hec sunt, vel altera sola, pari et impari numero in carminibus licet uti ad libitum.

Et sicut quedam stantia est uno solo eptasillabo conformata, sic duobus, tribus, quatuor, quinque videtur posse contexi, dummodo in tragico vincat endecasillabum et principiet.

Verumtamen quosdam ab eptasillabo tragice principiasse invenimus, videlicet Guidonem Guinizelli, Guidonem de Ghisileriis et Fabrutium Bononienses:

Di fermo sofferire

et

Donna, lo fermo core

et

Lo meo lontano gire

et quosdam alios. Sed si ad eorum sensum subtiliter intrare velimus, non sine quodam elegie umbraculo hec tragedia processisse videbitur.

De pentasillabo quoque non sic concedimus: in dictamine magno sufficit enim unicum pentasillabum in tota stantia conseri, vel duo ad plus in pedibus; et dico 'pedibus' propter necessitatem qua pedibus, versibusque, cantatur.

Minime autem trisillabum in tragico videtur esse sumendum per se subsistens: et dico 'per se subsistens' quia per quandam rithimorum repercussionem frequenter videtur assumptum, sicut inveniri potest in illa Guidonis Florentini:

Donna me prega.

Et in illa quam diximus:

Poscia ch'Amor del tutto m'a lasciato.

Nec per se ibi carmen est omnino, sed pars endecasillabi tantum, ad rithimum precedentis carminis velut eco respondens.

Hoc etiam precipue actendendum est circa carminum habitudinem, quod, si eptasillabum interseratur in primo pede, quem situm accipit ibi, eundem resumat in altero: puta, si pes trimeter primum et ultimum carmen endecasillabum habet et medium, hoc est secundum, eptasillabum, et pes alter habeat secundum eptasillabum et extrema endecasillaba: non aliter ingeminatio cantus fieri posset, ad quam pedes fiunt, ut dictum est; et per consequens pedes esse non possent.

Et quemadmodum de pedibus, dicimus et de versibus: in nullo enim pedes et versus differre videmus nisi in situ, quia hii ante, hii post diesim stantie nominantur. Et etiam quemadmodum de trimetro pede, et de omnibus aliis servandum esse asserimus; et sicut de uno eptasillabo, sic de pluribus et de pentasillabo et omni alio dicimus.

Satis hinc, lector, elicere sufficienter potes qua qualitate tibi carminum habituanda sit stantia habitudinemque circa carmina considerandam videre.

XIII. Rithimorum quoque relationi vacemus, nichil de rithimo secundum se modo tractantes; proprium enim eorum tractatum in posterum prorogamus, cum de mediocri poemate intendemus.

In principio igitur huius capituli quedam resecanda videntur. Unum est stantia sine rithimo, in qua nulla rithimorum habitudo actenditur; et huiusmodi stantiis usus est Arnaldus Danielis frequentissime, velut ibi:

Sem fos Amor de joi donar.

Et nos dicimus:

Al poco giorno.

Aliud est stantia cuius omnia carmina eundem rithimum reddunt, in qua superfluum esse constat habitudinem querere. Sic proinde restat circa rithimos mixtos debere insisti.

Et primo sciendum est quod in hoc amplissimam sibi licentiam fere omnes assumunt, et ex hoc maxime totius armonie dulcedo intenditur.

Sunt etenim quidam qui non omnes quandoque desinentias carminum rithimantur in eadem stantia, sed easdem repetunt sive rithimantur in aliis, sicut fuit Gottus Mantuanus, qui suas multas et bonas cantiones nobis oretenus intimavit. Hic semper in stantia unum carmen incomitatum texebat, quod clavem vocabat; et sicut de uno licet, licet etiam de duobus, et forte de pluribus.

Quidam alii sunt, et fere omnes cantionum inventores, qui nullum in stantia carmen incomitatum relinquunt quin sibi rithimi concrepantiam reddant, vel unius vel plurium.

Et quidam diversos faciunt esse rithimos eorum que post diesim carmina sunt a rithimis eorum que sunt ante; quidam vero non sic, sed desinentias anterioris stantie inter postera carmina referentes intexunt. Sepissime tamen hoc fit in desinentia primi posteriorum, quam plerique rithimantur ei que est priorum posterioris; quod non aliud esse videtur quam quedam ipsius stantie. concatenatio pulcra.

De rithimorum quoque habitudine, prout sunt in fronte vel in cauda, videtur omnis optata licentia concedenda; pulcerrime tamen se habent ultimorum carminum desinentie si cum rithimo in silentium cadant.

In pedibus vero cavendum est; et habitudinem quandam servatam esse invenimus. Et, discretionem facientes, dicimus quod pes vel pari vel impari metro completur; et utrobique comitata et incomitata desinentia esse potest; nam in pari metro nemo dubitat; in alio vero, si quis dubius est, recordetur ea que diximus in preinmediato capitulo de trisillabo, quando pars existens endecasillabi velut eco respondet.

Et si in altero pedum exsortem rithimi desinentiam esse contingat, omnimode in altero sibi instauratio fiat. Si vero quelibet desinentia in altero pede rithimi consortium habeat, in altero prout libet referre vel innovare desinentias licet, vel totaliter vel in parte, dumtaxat precedentium ordo servetur in totum; puta, si extreme desinentie trimetri, hoc est prima et ultima, concrepabunt in primo pede, sic secundi extremas desinentias convenit concrepare; et qualem se in primo media videt, comitatam quidem vel incomitatam, talis in secundo resurgat; et sic de aliis pedibus est servandum.

In versibus quoque fere semper hac lege perfruimur; et 'fere' dicimus quia propter concatenationem prenotatam et combinationem desinentiarum ultimarum quandoque ordinem iam dictum perverti contingit.

Preterea nobis bene convenire videtur ut que cavenda sunt circa rithimos huic appendamus capitulo, cum in isto libro nichil ulterius de rithimorum doctrina tangere intendamus.

Tria ergo sunt que circa rithimorum positionem potiri dedecet aulice poetantem: nimia scilicet eiusdem rithimi repercussio, nisi forte novum aliquid atque intentatum artis hoc sibi preroget; ut nascentis militie dies, qui cum nulla prerogativa suam indignatur preferire dietam: hoc etenim nos tacere nisi sumus ibi:

Amor, tu vedi ben che questa donna.

Secundum vero est ipsa inutilis equivocatio, que semper sententie quicquam derogare videtur; et tertium est rithimorum asperitas, nisi forte sit lenitati permixta: nam lenium asperorumque rithimorum mixtura ipsa tragedia nitescit.

Et hec de arte, prout habitudinem respicit, tanta sufficiant.

XIV. Ex quo duo que sunt artis in cantione satis sufficienter tractavimus, nunc de tertio videtur esse tractandum, videlicet de numero carminum et sillabarum. Et primo secundum totam stantiam videre oportet aliquid; deinde secundum partes eius videbimus.

Nostra igitur primo refert discretionem facere inter ea que canenda occurrunt, quia quedam stantie prolixitatem videntur appetere, quedam non. Nam cum ea que dicimus cuncta vel circa dextrum aliquid vel sinistrum canamus — ut quandoque persuasorie quandoque dissuasorie, quandoque gratulanter quandoque yronice, quandoque laudabiliter quandoque contemptive canere contingit — que circa sinistra sunt verba semper ad extremum festinent, et alia decenti prolixitate passim veniant ad extremum...

De Monarchia

Caput Primum

OMNIUM hominum quos ad amorem veritatis natura superior impressit hoc maxime interesse videtur: ut, quemadmodum de labore antiquorum ditati sunt, ita et ipsi posteris prolaborent, quatenus ab eis posteritas habeat quo ditetur. Longe nanque ab offitio se esse non dubitet qui, publicis documentis imbutus, ad rem publicam aliquid afferre non curat; non enim est "lignum, quod secus decursus aquarum fructificat in tempore suo, sed potius perniciosa vorago semper ingurgitans et nunquam ingurgitata refundens." Hec igitur sepe mecum recogitans, ne de infossi talenti culpa quandoque redarguar, publice utilitati non modo turgescere, quinymo fructificare desidero, et intemptatas ab aliis estendere veritates. Nam quem fructum ille qui theorema quoddam Euclidis iterum demonstraret? qui ab Aristotile felicitatem ostensam reostendere conaretur? qui senectutem a Cicerone defensam resummeret defensandam? Nullum quippe, sed fastidium potius illa superfluitas tediosa prestaret.

Cumque, inter alias veritates occultas et utiles, temporalis Monarchie notitia utilissima sit et maxime latens et, propter non se habere immediate ad lucrum, ab omnibus intemptata, in proposito est hanc de suis enucleare latibulis, tum ut utiliter mundo pervigilem, tum etiam ut palmam tanti bravii primus in meam gloriam adipiscar. Arduum quidem opus et ultra vires aggredior, non tam de propria virtute confidens, quam de lumine Largitoris illius "qui dat omnibus affluenter et non improperat".

II.   Primum quidem igitur videndum quid est quod 'temporalis Monarchia' dicitur, typo ut dicam et secundum intentionem.   Est ergo temporalis Monarchia, quam dicunt 'Imperium', unicus principatus et super omnes in tempore vel in hiis et super hiis que tempore mensurantur.   Maxime autem de hac tria dubitata queruntur: primo nanque dubitatur et queritur an ad bene esse mundi necessaria sit; secundo an romanus populus de iure Monarche offitium sibi asciverit; et tertio an auctoritas Monarche dependeat a Deo inmediate vel ab alio, Dei ministro seu vicario.

Verum, quia omnis veritas que non est principium ex veritate alicuius principii fit manifesta, necesse est in qualibet inquisitione habere notitiam de principio, in quod analetice recurratur pro certitudine omnium propositionum que inferius assummuntur. Et quia presens tractatus est inquisitio quedam, ante omnia de principio scruptandum esse videtur in cuius virtute inferiora consistant.   Est ergo sciendum quod quedam sunt que, nostre potestati minime subiacentia, speculari tantummodo possumus, operari autem non: velut mathematica, physica et divina; quedam vero sunt que, nostre potestati subiacentia, non solum speculari sed etiam operari possumus: et in hiis non operatio propter speculationem, sed hec propter illam assummitur, quoniam in talibus operatio finis. Cum ergo materia presens politica sit, ymo fons atque principium rectarum politiarum, et omne politicum nostre potestati subiacet, manifestum est quod materia presens non ad speculationem per prius, sed ad operationem ordinatur.   Rursus, cum in operabilibus principium et causa omnium sit ultimus finis — movet enim primo agentem— consequens est ut omnis ratio eorum que sunt ad finem ab ipso fine summatur. Nam alia erit ratio incidendi lignum propter domum constituendam, et alia propter navim. Illud igitur, siquid est, quod est finis universalis civilitatis humani generis, erit hic principium per quod omnia que inferius probanda sunt erunt manifesta sufficienter: esse autem finem huius civilitatis et illius, et non esse unum omnium finem arbitrari stultum est.

III. Nunc autem videndum est quid sit finis totius humane civilitatis: quo viso, plus quam dimidium laboris erit transactum, iuxta Phylosophum *ad Nicomacum.* Et ad evidentiam eius quod queritur advertendum quod, quemadmodum est finis aliquis ad quem natura producit pollicem, et alius ab hoc ad quem manum totam, et rursus alius ab utroque ad quem brachium, aliusque ab omnibus ad quem totum hominem; sic alius est finis ad quem singularem hominem, alius ad quem ordinat domesticam comunitatem, alius ad quem viciniam, et alius ad quem civitatem, et alius ad quem regnum, et denique optimus ad quem universaliter genus humanum Deus ecternus arte sua, que natura est, in esse producit. Et hoc queritur hic tanquam principium inquisitionis directivum.

Propter quod sciendum primo quod Deus et natura nil otiosum facit, sed quicquid prodit in esse est ad aliquam operationem. Non enim essentia ulla creata ultimus finis est in intentione creantis, in quantum creans, sed propria essentie operatio: unde est quod non operatio propria propter essentiam, sed hec propter illam habet ut sit. Est ergo aliqua propria operatio humane universitatis, ad quam ipsa universitas hominum in tanta moltitudine ordinatur; ad quam quidem operationem nec homo unus, nec domus una, nec una vicinia, nec una civitas, nec regnum particulare pertingere potest. Que autem sit illa, manifestum fiet si ultimum de potentia totius humanitatis appareat. Dico ergo quod nulla vis a pluribus spetie diversis partecipata ultimum est de potentia alicuius illorum;

quia, cum illud quod est ultimum tale sit constitutivum spetiei, sequeretur quod una essentia pluribus spetiebus esset specificata: quod est inpossibile. Non est ergo vis ultima in homine ipsum esse simpliciter sumptum, quia etiam sic sumptum ab elementis participatur; nec esse complexionatum, quia hoc reperitur in mineralibus; nec esse animatum, quia sic etiam in plantis; nec esse apprehensivum, quia sic etiam participatur a brutis; sed esse apprehensivum per intellectum possibilem: quod quidem esse nulli ab homine alii competit vel supra vel infra. Nam, etsi alie sunt essentie intellectum participantes, non tamen intellectus earum est possibilis ut hominis, quia essentie tales speties quedam sunt intellectuales et non aliud, et earum esse nichil est aliud quam intelligere quod est quod sunt; quod est sine interpolatione, aliter sempiterne non essent. Patet igitur quod ultimum de potentia ipsius humanitatis est potentia sive virtus intellectiva.

Et quia potentia ista per unum hominem seu per aliquam particularium comunitatum superius distinctarum tota simul in actum reduci non potest, necesse est multitudinem esse in humano genere, per quam quidem tota potentia hec actuetur; sicut necesse est multitudinem rerum generabilium ut potentia tota materie prime semper sub actu sit: aliter esset dare potentiam separatam, quod est inpossibile. Et huic sententie concordat Averrois in comento super hiis que *De anima*. Potentia etiam intellectiva, de qua loquor, non solum est ad formas universales aut speties, sed etiam per quandam extensionem ad particulares: unde solet dici quod intellectus speculativus extensione fit practicus, cuius finis est agere atque facere. Quod dico propter agibilia, que politica prudentia regulantur, et propter factibilia, que regulantur arte: que omnia speculationi ancillantur tanquam optimo ad quod humanum genus Prima Bonitas in esse produxit;

ex quo iam innotescit illud Politice: intellectu, scilicet, vigentes aliis naturaliter principari.

IV.   Satis igitur declaratum est quod proprium opus humani generis totaliter accepti est actuare semper totam potentiam intellectus possibilis, per prius ad speculandum et secondario propter hoc ad operandum per suam extensionem. Et quia quemadmodum est in parte sic est in toto, et in homine particulari contingit quod sedendo et quiescendo prudentia et sapientia ipse perficitur, patet quod genus humanum in quiete sive tranquillitate pacis ad proprium suum opus, quod fere divinum est iuxta illud "Minuisti eum paulominus ab angelis", liberrime atque facillime se habet. Unde manifestum est quod pax universalis est optimum eorum que ad nostram beatitudinem ordinantur.   Hinc est quod pastoribus de sursum sonuit non divitie, non voluptates, non honores, non longitudo vite, non sanitas, non robur, non pulcritudo, sed pax; inquit enim celestis militia: "Gloria in altissimis Deo, et in terra pax hominibus bone voluntatis".   Hinc etiam "Pax vobis" Salus hominum salutabat; decebat enim summum Salvatorem summam salutationem exprimere: quem quidem morem servare voluerunt discipuli eius et Paulus in salutationibus suis, ut omnibus manifestum esse potest.

Ex hiis ergo que declarata sunt patet per quod melius, ymo per quod optime genus humanum pertingit ad opus proprium; et per consequens visum est propinquissimum medium per quod itur in illud ad quod, velut in ultimum finem, omnia nostra opera ordinantur, quia est pax universalis, que pro principio rationum subsequentium supponatur.   Quod erat necessarium, ut dictum fuit, velut signum prefixum in quod quicquid probandum est resolvatur tanquam in manifestissimam veritatem.

V. Resummens igitur quod a principio dicebatur, tria maxime dubitantur et dubitata queruntur circa Monarchiam temporalem, que comuniori vocabulo nuncupatur 'Imperium'; et de hiis, ut predictum est, propositum est sub assignato principio inquisitionem facere secundum iam tactum ordinem. Itaque prima questio sit: utrum ad bene esse mundi Monarchia temporalis necessaria sit. Hoc equidem, nulla vi rationis vel auctoritatis obstante, potissimis et patentissimis argumentis ostendi potest, quorum primum ab autoritate Phylosophi assummatur de suis *Politicis.* Asserit enim ibi venerabilis eius autoritas quod, quando aliqua plura ordinantur ad unum, oportet unum eorum regulare seu regere, alia vero regulari seu regi; quod quidem non solum gloriosum nomen autoris facit esse credendum, sed ratio inductiva.

Si enim consideremus unum hominem, hoc in eo contingere videbimus, quia, cum omnes vires eius ordinentur ad felicitatem, vis ipsa intellectualis est regulatrix et rectrix omnium aliarum: aliter ad felicitatem pervenire non potest. Si consideremus unam domum, cuius finis est domesticos ad bene vivere preparare, unum oportet esse qui regulet et regat, quem dicunt 'patremfamilias', vel eius locum tenentem, iuxta dicentem Phylosophum: "Omnis domus regitur a senissimo"; et huius, ut ait Homerus, est regulare omnes et leges imponere aliis. Propter quod proverbialiter dicitur illa maledictio: "Parem habeas in domo". Si consideremus vicum unum, cuius finis est commoda tam personarum quam rerum auxiliatio, unum oportet esse aliorum regulatorem, vel datum ab alio vel ex ipsis preheminentem consentientibus aliis; aliter ad illam mutuam sufficientiam non solum non pertingitur, sed aliquando, pluribus preheminere volentibus, vicinia tota destruitur. Si vero unam civitatem, cuius finis est bene sufficienterque vivere, unum oportet esse regimen, et hoc non solum in recta politia, sed etiam in obliqua; quod si aliter fiat, non solum finis vite civilis amictitur, sed etiam civitas desinit esse quod erat. Si denique unum regnum particolare, cuius finis est is qui civitatis cum maiori fiducia sue tranquillitatis, oportet esse regem unum qui regat atque gubernet; aliter non modo existentes in regno finem non assecuntur, sed etiam regnum in interitum labitur, iuxta illud infallibilis Veritatis: "Omne regnum in se divisum desolabitur". Si ergo sic se habet in hiis et in singulis que ad unum aliquod ordinantur, verum est quod assummitur supra.

Nunc constat quod totum humanum genus ordinatur ad unum, ut iam preostensum fuit: ergo unum oportet esse regulans sive regens, et hoc 'Monarcha' sive 'Imperator' dici debet. Et sic patet quod ad bene esse mundi necesse est Monarchiam esse sive Imperium.

VI. Et sicut se habet pars ad totum, sic ordo partialis ad totalem. Pars ad totum se habet sicut ad finem et optimum: ergo et ordo in parte ad ordinem in toto, sicut ad finem et optimum. Ex quo habetur quod bonitas ordinis partialis non excedit bonitatem totalis ordinis, sed magis e converso. Cum ergo duplex ordo reperiatur in rebus, ordo scilicet partium inter se, et ordo partium ad aliquod unum quod non est pars, sicut ordo partium exercitus inter se et ordo earum ad ducem, ordo partium ad unum est melior tanquam finis alterius: est enim alter propter hunc, non e converso. Unde si forma huius ordinis reperitur in partibus humane multitudinis, multo magis debet reperiri in ipsa multitudine sive totalitate per vim sillogismi premissi, cum sit ordo melior sive forma ordinis; sed reperitur in omnibus partibus humane multitudinis, ut per ea que dicta sunt in capitulo precedenti satis est manifestum: ergo et in ipsa totalitate reperiri debet. Et sic onmes partes prenotate infra regna et ipsa regna ordinari debent ad unum principem sive principatum, hoc est ad Monarcham sive Monarchiam.

VII. Amplius, humana universitas est quoddam totum ad quasdam partes, et est quedam pars ad quoddam totum. Est enim quoddam totum ad regna particularia et ad gentes, ut superiora ostendunt; et est quedam pars ad totum universum. Et hoc est de se manifestum. Sicut ergo inferiora humane universitatis, bene respondent ad ipsam, sic ipsa 'bene' dicitur respondere ad suum totum; partes enim bene respondent ad ipsam per unum principium tantum, ut ex superioribus colligi potest de facili: ergo et ipsa ad ipsum universum sive ad eius principem, qui Deus est et Monarcha, simpliciter bene respondet per unum principium tantum, scilicet unicum principem. Ex quo sequitur Monarchiam necessariam mundo ut bene sit.

VIII. Et omne illud bene se habet et optime quod se habet secundum intentionem primi agentis, qui Deus est; et hoc est per se notum, nisi apud negantes divinam bonitatem actingere summum perfectionis. De intentione Dei est ut omne causatum divinam similitudinem representet in quantum propria natura recipere potest. Propter quod dictum est: "Faciamus hominem ad ymaginem et similitudinem nostram"; quod licet 'ad ymaginem' de rebus inferioribus ab homine dici non possit, 'ad similitudinem' tamen de qualibet dici potest, cum totum universum nichil aliud sit quam vestigium quoddam divine bonitatis. Ergo humanum genus bene se habet et optime quando, secundum quod potest, Deo assimilatur. Sed genus humanum maxime Deo assimilatur quando maxime est unum: vera enim ratio unius in solo illo est; propter quod scriptum est: "Audi, Israel, Dominus Deus tuus unus est".

Sed tunc genus humanum maxime est unum, quando totum unitur in uno: quod esse non potest nisi quando uni principi totaliter subiacet, ut de se patet. Ergo humanum genus uni principi subiacens maxime Deo assimilatur, et per consequens maxime est secundum divinam intentionem: quod est bene et optime se habere, ut in principio huius capituli est probatum.

IX.   Item, bene et optime se habet omnis filius cum vestigia perfecti patris, in quantum propria natura permictit, ymitatur. "Humanum genus filius est celi", quod est perfectissimum in omni opere suo: generat enim homo hominem et sol, iuxta secundum *De naturali auditu*. Ergo optime se habet humanum genus cum vestigia celi, in quantum propria natura permictit, ymitatur. Et cum celum totum unico motu, scilicet Primi Mobilis, et ab unico motore, qui Deus est, reguletur in omnibus suis partibus, motibus et motoribus, ut phylosophando evidentissime humana ratio deprehendit, si vere sillogizatum est, humanum genus tunc optime se habet, quando ab unico principe tanquam ab unico motore, et unica lege tanquam unico motu, in suis motoribus et motibus reguletur. Propter quod necessarium apparet ad bene esse mundi Monarchiam esse, sive unicum principatum qui 'Imperium' appellatur. Hanc rationem suspirabat Boetius dicens: "O felix hominum genus si vestros animos amor, quo celum regitur, regat".

X.   Et ubicunque potest esse litigium, ibi debet esse iudicium; aliter esset inperfectum sine proprio perfectivo: quod est impossibile, cum Deus et natura in necessariis non deficiat. Inter omnes duos principes, quorum alter alteri minime subiectus est, potest esse litigium vel culpa ipsorum vel etiam subditorum — quod de se patet — ergo inter tales oportet esse iudicium. Et cum alter de altero cognoscere non possit ex quo alter alteri non subditur — nam par in parem non habet imperium — oportet esse tertium iurisdictionis amplioris qui ambitu sui iuris ambobus principetur. Et hic aut erit Monarcha aut non. Si sic, habetur propositum; si non, iterum habebit sibi coequalem extra ambitum sue iurisdictionis: tunc iterum necessarius erit tertius alius. Et sic aut erit processus in infinitum, quod esse non potest, aut oportebit devenire ad iudicem primum et summum, de cuius iudicio cuncta litigia dirimantur sive mediate sive inmediate: et hic erit Monarcha sive Imperator. Est igitur Monarchia necessaria mundo. Et hanc rationem videbat Phylosophus cum dicebat: "Entia nolunt male disponi; malum autem pluralitas principatuum: unus ergo princeps".

XI. Preterea, mundus optime dispositus est cum iustitia in eo potissima est. Unde Virgilius commendare volens illud seculum quod suo tempore surgere videbatur, in suis *Buccolicis* cantabat: "Iam redit et Virgo, redeunt Saturnia regna". 'Virgo' nanque vocabatur iustitia, quam etiam 'Astream' vocabant 'Saturnia regna' dicebant optima tempora, que etiam 'aurea' nuncupabant. Iustitia potissima est solum sub Monarcha: ergo ad optimam mundi dispositionem requiritur esse Monarchiam sive Imperium.

Ad evidentiam subassumpte sciendum quod iustitia, de se et in propria natura considerata, est quedam rectitudo sive regula obliquum hinc inde abiciens: et sic non recipit magis et minus, quemadmodum albedo in suo abstracto considerata. Sunt enim huiusmodi forme quedam compositioni contingentes, et consistentes simplici et invariabili essentia, ut Magister Sex Principiorum recte ait. Recipiunt tamen magis et minus huiusmodi qualitates ex parte subiectorum quibus concernuntur, secundum quod magis et minus in subiectis de contrariis admiscetur. Ubi ergo minimum de contrario iustitie admiscetur et quantum ad habitum et quantum ad operationem, ibi iustitia potissima est; et vere tunc potest dici de illa, ut Phylosophus inquit "neque Hesperus neque Lucifer sic admirabilis est". Est enim tunc Phebe similis, fratrem dyametraliter intuenti de purpureo matutine serenitatis.

Quantum ergo ad habitum, iustitia contrarietatem habet quandoque in velle; nam ubi voluntas ab omni cupiditate sincera non est, etsi assit iustitia, non tamen omnino inest in fulgore sue puritatis: habet etòm subiectum, licet minime, aliqualiter tamen sibi resistens; propter quod bene repelluntur qui iudicem passionare conantur. Quantum vero ad operationem, iustitia contrarietatem habet in posse; nam cum iustitia sit virtus ad alterum, sine potentia tribuendi cuique quod suum est quomodo quis operabitur secundum illam? Ex quo patet quod quanto iustus potentior, tanto in operatione sua iustitia erit amplior.

Ex hac itaque declaratione sic arguatur: iustitia potissima est in mundo quando volentissimo et potentissimo subiecto inest; huiusmodi solus Monarcha est: ergo soli Monarche insistens iustitia in mundo potissima est. Iste prosillogismus currit per secundam figuram cum negatione intrinseca, et est similis huic: omne B est A; solum C est A: ergo solum C est B. Quod est: omne B est A; nullum preter C est A: ergo nullum preter C est B.

Et prima propositio declaratione precedente apparet; alia sic ostenditur, et primo quantum ad velle, deinde quantum ad posse. Ad evidentiam primi notandum quod iustitie maxime contrariatur cupiditas, ut innuit Aristotiles in quinto *ad Nicomacum*. Remota cupiditate omnino, nichil iustitie restat adversum; unde sententia Phylosophi est ut que lege determinari possunt nullo modo iudici relinquantur. Et hoc metu cupiditatis fieri oportet, de facili mentes hominum detorquentis. Ubi ergo non est quod possit optari, inpossibile est ibi cupiditatem esse: destructis enim obiectis, passiones esse non possunt. Sed Monarcha non habet quod possit optare: sua nanque iurisdictio terminatur Occeano solum: quod non contingit principibus aliis, quorum principatus ad alios terminantur, ut puta regis Castelle ad illum qui regis Aragonum. Ex quo sequitur quod Monarcha sincerissimum inter mortales iustitie possit esse subiectum.

Preterea, quemadmodum cupiditas habitualem iustitiam quodammmodo, quantumcunque pauca, obnubilat, sic karitas seu recta dilectio illam acuit atque dilucidat. Cui ergo maxime recta dilectio inesse potest, potissimum locum in illo potest habere iustitia; huiusmodi est Monarcha: ergo, eo existente, iustitia potissima est vel esse potest.

Quod autem recta dilectio faciat quod dictum est, hinc haberi potest: cupiditas nanque, perseitate hominum spreta, querit alia; karitas vero, spretis aliis omnibus, querit Deum et hominem, et per consequens bonum hominis. Cumque inter alia bona hominis potissimum sit in pace vivere — ut supra dicebatur — et hoc operetur maxime atque potissime iustitia, karitas maxime iustitiam vigorabit et potior potius. Et quod Monarche maxime hominum recta dilectio inesse debeat, patet sic: omne diligibile tanto magis diligitur quanto propinquius est diligenti; sed homines propinquius Monarche sunt quam aliis principibus: ergo ab eo maxime diliguntur vel diligi debent. Prima manifesta est, si natura passivorum et activorum consideretur; secunda per hoc apparet: quia principibus aliis homines non appropinquant nisi in parte, Monarche vero secundum totum. Et rursus: principibus aliis appropinquant per Monarcham et non e converso; et sic per prius et immediate Monarche inest cura de omnibus, aliis autem principibus per Monarcham, eo quod cura ipsorum a cura illa supprema descendit.

Preterea, quanto causa est universalior, tanto magis habet rationem cause, quia inferior non est causa nisi per superiorem, ut patet ex hiis que *De causis;* et quanto causa magis est causa, tanto magis effectum diligit, cum dilectio talis assequatur causam per se. Cum igitur Monarcha sit universalissima causa inter mortales ut homines bene vivant, quia principes alii per illum, ut dictum est, consequens est quod bonum hominum ab eo maxime diligatur.

Quod autem Monarcha potissime se habeat ad operationem iustitie, quis dubitat nisi qui vocem hanc non intelligit, cum, si Monarcha est, hostes habere non possit?

Satis igitur declarata subassumpta principalis, quia conclusio certa est: scilicet quod ad optimam dispositionem mundi necesse est Monarchiam esse.

XII. Et humanum genus potissime liberum optime se habet. Hoc erit manifestum, si principium pateat libertatis. Propter quod sciendum quod principium primum nostre libertatis est libertas arbitrii, quam multi habent in ore, in intellectu vero pauci. Veniunt nanque usque ad hoc: ut dicant liberum arbitrium esse liberum de voluntate iudicium. Et verum dicunt; sed importatum per verba longe est ab eis, quemadmodum tota die logici nostri faciunt de quibusdam propositionibus, que ad exemplum logicalibus interseruntur; puta de hac: "triangulus habet tres duobus rectis equales".

Et ideo dico quod iudicium medium est apprehensionis et appetitus: nam primo res apprehenditur, deinde apprehensa bona vel mala iudicatur, et ultimo iudicans prosequitur sive fugit. Si ergo iudicium moveat omnino appetitum et nullo modo preveniatur ab eo, liberum est; si vero ab appetitu quocunque modo proveniente iudicium moveatur, liberum esse non potest, quia non a se, sed ab alio captivum trahitur. Et hinc est quod bruta iudicium liberum habere non possunt, quia eorum iudicia semper ab appetitu preveniuntur. Et hinc etiam patere potest quod substantie intellectuales, quarum sunt inmutabiles voluntates, necnon anime separate bene hinc abeuntes, libertatem arbitrii ob inmutabilitatem voluntatis non amictunt, sed perfectissime atque potissime hoc retinent.

Hoc viso, iterum manifestum esse potest quod hec libertas sive principium hoc totius nostre libertatis est maximum donum humane nature a Deo collatum — sicut in Paradiso Comedie iam dixi — quia per ipsum hic felicitamur ut homines, per ipsum alibi felicitamur ut dii. Quod si ita est, quis erit qui humanum genus optime se habere non dicat, cum potissime hoc principio possit uti? Sed existens sub Monarcha est potissime liberum. Propter quod sciendum quod illud est liberum quod "sui met et non alterius gratia est", ut Phylosopho placet in hiis que *De simpliciter ente.* Nam illud quod est alterius gratia necessitatur ab illo cuius gratia est, sicut via necessitatur a termino. Genus humanum solum imperante Monarcha sui et non alterius gratia est: tunc enim solum politie diriguntur oblique — democratie scilicet, oligarchie atque tyrampnides — que in servitutem cogunt genus humanum, ut patet discurrenti per omnes, et politizant reges, aristocratici quos optimates vocant, et populi libertatis zelatores; quia cum Monarcha maxime diligat homines, ut iam tactum est, vult omnes homines bonos fieri: quod esse non potest apud oblique politizantes. Unde Phylosophus in suis *Politicis* ait quod "in politia obliqua bonus homo est malus civis, in recta vero bonus homo et civis bonus convertuntur". Et huiusmodi politie recte libertatem intendunt, scilicet ut homines propter se sint. Non enim cives propter consules nec gens propter regem, sed e converso consules propter cives et rex propter gentem; quia quemadmodum non politia ad leges, quinymo leges ad politiam ponuntur, sic secundum legem viventes non ad legislatorem ordinantur, sed magis ille ad hos, ut etiam Phylosopho placet in hiis que de presenti materia nobis ab eo relicta sunt. Hinc etiam patet quod, quamvis consul sive rex respectu vie sint domini aliorum, respectu autem termini aliorum ministri sunt, et maxime Monarcha, qui minister omnium proculdubio habendus est. Hinc etiam iam innotescere potest quod Monarcha necessitatur a fine sibi prefixo in legibus ponendis. Ergo genus humanum sub Monarcha existens optime se habet; ex quo sequitur quod ad bene esse mundi Monarchiam necesse est esse.

XIII. Adhuc, ille qui potest esse optime dispositus ad regendum, optime alios disponere potest: nam in omni actione principaliter intenditur ab agente, sive necessitate nature sive volontarie agat, propriam similitudinem explicare. Unde fit quod omne agens, in quantum huiusmodi, delectatur; quia, cum omne quod est appetat suum esse, ac in agendo agentis esse quodammodo amplietur, sequitur de necessitate delectatio, quia delectatio rei desiderate semper annexa est. Nichil igitur agit nisi tale existens quale patiens fieri debet; propter quod Phylosophus in hiis que *De simpliciter ente:* "Omne" inquit "quod reducitur de potentia in actum, reducitur per tale existens actu"; quod si aliter aliquid agere conetur, frustra conatur. Et hinc destrui potest error illorum qui bona loquendo et mala operando credunt alios

73

vita et moribus informare, non advertentes quod plus persuaserunt manus Iacob quam verba, licet ille falsum, illa verum persuaderent. Unde Phylosophus *ad Nicomacum:* "De hiis enim" inquit "que in passionibus et actionibus, sermones minus sunt credibiles operibus". Hine etiam dicebatur de celo peccatori David: "Quare tu enarras iustitias meas?", quasi diceret: 'Frustra loqueris, cum tu sis alius ab eo quod loqueris'. Ex quibus colligitur quod optime dispositum esse oportet optime alios disponere volentem.

Sed Monarcha solus est ille qui potest optime esse dispositus ad regendum. Quod sic declaratur: unaqueque res eo facilius et perfectius ad habitum et ad operationem disponitur, quo minus in ea est de contrarietate ad talem dispositionem; unde facilius et perfectius veniunt ad habitum phylosophice veritatis qui nichil unquam audiverunt, quam qui audiverunt per tempora et falsis oppinionibus imbuti sunt. Propter quod bene Galienus inquit "tales duplici tempore indigere ad scientiam acquirendam". Cum ergo Monarcha nullam cupiditatis occasionem habere possit vel saltem minimam inter mortales, ut superius est ostensum, quod ceteris principibus non contingit, et cupiditas ipsa sola sit corruptiva iudicii et iustitie prepeditiva, consequens est quod ipse vel omnino vel maxime bene dispositus ad regendum esse potest, quia inter ceteros iudicium et iustitiam potissime habere potest: que duo principalissime legis latori et legis executori conveniunt, testante rege illo sanctissimo cum convenientia regi et filio regis postulabat a Deo: "Deus" inquiebat "iudicium tuum regi da et iustitiam tuam filio regis".

Bene igitur dictum est cum dicitur in subassumpta quod Monarcha solus est ille, qui potest esse optime dispositus ad regendum: ergo Monarcha solus optime alios disponere potest.

Ex quo sequitur quod ad optimam mundi dispositionem Monarchia sit necessaria.

XIV. Et quod potest fieri per unum, melius est per unum fieri quam per plura. Quod sic declaratur: sit unum, per quod aliquid fieri potest, A, et sint plura, per que similiter illud fieri potest, A et B; si ergo illud idem quod fit per A et B potest fieri per A tantum, frustra ibi assummitur B, quia ex ipsius assumptione nichil sequitur, cum prius illud idem fiebat per A solum. Et cum omnis talis assumptio sit otiosa sive superflua, et omne superfluum Deo et nature displiceat, et omne quod Deo et nature displicet sit malum, ut manifestum est de se, sequitur non solum melius esse fieri per unum, si fieri potest, quam fieri per plura, sed quod fieri per unum est bonum, per plura simpliciter malum. Preterea, res dicitur melior per esse propinquior optime; et finis habet rationem optimi; sed fieri per unum est propinquius fini: ergo est melius. Et quod sit propinquius patet sic: sit finis C; fieri per unum A; per plura A et B: manifestum est quod longior est via ab A per B in C, quam ab A tantum in C. Sed humanum genus potest regi per unum suppremum principem, qui est Monarcha.

Propter quod advertendum sane quod cum dicitur 'humanum genus potest regi per unum suppremum principem', non sic intelligendum est, ut minima iudicia cuiuscunque municipii ab illo uno immediate prodire possint: cum etiam leges municipales quandoque deficiant et opus habeant directivo, ut patet per Phylosophum in quinto *ad Nicomacum* ἐπιείχειαν commendantem. Habent nanque nationes, regna et civitates intra se proprietates, quas legibus differentibus regulari oportet: est enim lex regula directiva vite. Aliter quippe regulari oportet Scithas qui, extra septimum clima viventes et magnam dierum et noctium inequalitatem patientes, intolerabili quasi algore frigoris premuntur, et aliter Garamantes qui, sub equinoctiali habitantes et coequatam semper lucem diurnam noctis tenebris habentes, ob estus acris nimietatem vestimentis operiri non possunt. Sed sic intelligendum est: ut humanum genus secundum sua comunia, que omnibus competunt, ab eo regatur et comuni regula gubernetur ad pacem. Quam quidem regulam sive legem particulares principes ab eo recipere debent, tanquam intellectus practicus ad conclusionem operativam recipit maiorem propositionem ab intellectu speculativo, et sub illa particularem, que proprie sua est, assummit et particulariter ad operationem concludit. Et hoc non solum possibile est uni, sed necesse est ab uno procedere, ut omnis confusio de principiis universalibus auferatur. Hoc etiam factum fuisse per ipsum ipse Moyses in lege conscribit, qui, assumptis primatibus de tribubus filiorum Israel, eis inferiora iudicia relinquebat, superiora et comuniora sibi soli reservans, quibus comunioribus utebantur primates per tribus, secundum quod unicuique tribui competebat.

Ergo melius est humanum genus per unum regi quam per plura, et sic per Monarcham qui unicus est princeps; et si melius, Deo acceptabilius, cum Deus semper velit quod melius est. Et cum duorum tantum inter se idem sit melius et optimum, consequens est non solum Deo esse acceptabilius hoc, inter hoc 'unum' et hoc 'plura', sed acceptabilissimum. Unde sequitur humanum genus optime se habere cum ab uno regitur; et sic ad bene esse mundi necesse est Monarchiam esse.

XV. Item dico quod ens et unum et bonum gradatim se habent secundum quintum modum dicendi 'prius'. Ens enim natura precedit unum, unum vero bonum: maxime enim ens maxime est unum, et maxime unum maxime bonum; et quanto aliquid a maxime ente elongatur, tanto et ab esse unum et per consequens ab esse bonum. Propter quod in omni genere rerum illud est optimum quod est maxime unum, ut Phylosopho placet in hiis que *De simpliciter ente.* Unde fit quod unum esse videtur esse radix eius quod est esse bonum, et multa esse eius quod est esse malum; qua re Pictagoras in correlationibus suis ex parte boni ponebat unum, ex parte vero mali plurale, ut patet in primo eorum que *De simpliciter ente.* Hinc videri potest quod peccare nichil est aliud quam progredi ab uno spreto ad multa; quod quidem Psalmista videbat dicens: "A fructu frumenti, vini et olei multiplicati sunt".

Constat igitur quod omne quod est bonum per hoc est bonum: quod in uno consistit. Et cum concordia, in quantum huiusmodi, sit quoddam bonum, manifestum est ipsam consistere in aliquo uno tanquam in propria radice. Que quidem radix apparebit, si natura vel ratio concordie summatur: est enim concordia uniformis motus plurium voluntatum; in qua quidem ratione apparet unitatem voluntatum, que per uniformem motum datur intelligi, concordie radicem esse vel ipsam concordiam. Nam, sicut plures glebas diceremus 'concordes' propter condiscendere omnes ad medium, et plures flammas propter coadscendere omnes ad circunferentiam, si volontarie hoc facerent; ita homines plures 'concordes' dicimus propter simul moveri secundum velle ad unum quod est formaliter in suis voluntatibus, sicut qualitas una formaliter in glebis, scilicet gravitas, et una in fiammis, scilicet levitas. Nam virtus volitiva potentia quedam est, sed speties boni apprehensi forma est eius: que quidem forma, quemadmodum et alie, una in se, multiplicatur secundum multiplicationem materie recipientis, ut anima et numerus et alie forme compositioni contingentes.

Hiis premissis propter declarationem assummende propositionis ad propositum, sic arguatur: omnis concordia dependet ab unitate que est in voluntatibus; genus humanum optime se habens est quedam concordia; nam, sicut unus homo optime se habens et quantum ad animam et quantum ad corpus est concordia quedam, et similiter domus, civitas et regnum, sic totum genus humanum; ergo genus humanum optime se habens ab unitate que est in voluntatibus dependet. Sed hoc esse non potest nisi sit voluntas una, domina et regulatrix omnium aliarum in unum, cum mortalium voluntates propter blandas adolescentie delectationes indigeant directivo, ut in ultimis *ad Nicomacum* docet Phylosophus. Nec ista una potest esse, nisi sit princeps unus omnium, cuius voluntas domina et regulatrix aliarum omnium esse possit.

Quod si omnes consequentie superiores vere sunt, quod sunt, necesse est ad optime se habere humanum genus esse in mundo Monarcham, et per consequens Monarchiam ad bene esse mundi.

XVI. Rationibus omnibus supra positis experientia memorabilis attestatur: status videlicet illius mortalium quem Dei Filius, in salutem hominis hominem assumpturus, vel expectavit vel cum voluit ipse disposuit. Nam si a lapsu primorum parentum, qui diverticulum fuit totius nostre deviationis, dispositiones hominum et tempora recolamus, non inveniemus nisi sub divo Augusto monarcha, existente Monarchia perfecta, mundum undique fuisse quietum. Et quod tunc humanum genus fuerit felix in pacis universalis tranquillitate hoc ystoriographi omnes, hoc poete illustres, hoc etiam scriba mansuetudinis Cristi testari dignatus est; et denique Paulus "plenitudinem temporis" statum illum felicissimum appellavit. Vere tempus et temporalia queque plena fuerunt, quia nullum nostre felicitatis ministerium ministro vacavit. Qualiter autem se habuerit orbis ex quo tunica ista inconsutilis cupiditatis ungue scissuram primitus passa est, et legere possumus et utinam non videre. O genus humanum, quantis procellis atque iacturis quantisque naufragiis agitari te necesse est dum, bellua multorum capitum factum, in diversa conaris ! Intellectu egrotas utroque, similiter et affectu: rationibus irrefragabilibus intellectum superiorem non curas, nec experientie vultu inferiorem, sed nec affectum dulcedine divine suasionis, cum per tubam Sancti Spiritus tibi effletur: "Ecce quam bonum et quam iocundum, habitare fratres in unum!"

CAPUT SECUNDUM

"QUARE fremuerunt gentes, et populi meditati sunt inania? Astiterunt reges terre, et principes convenerunt in unum, adversus Dominum et adversus Cristum eius. 'Dirumpamus vincula eorum, et proiciamus a nobis iugum ipsorum'".

Sicut ad faciem cause non pertingentes novum effectum comuniter admiramur, sic, cum causam cognoscimus, eos qui sunt in admiratione restantes quadam derisione despicimus. Admirabar equidem aliquando romanum populum in orbe terrarum sine ulla resistentia fuisse prefectum, cum, tantum superficialiter intuens, illum nullo iure sed armorum tantummodo violentia obtinuisse arbitrabar. Sed postquam medullitus oculos mentis infixi et per efficacissima signa divinam providentiam hoc effecisse cognovi, admiratione cedente, derisiva quedam supervenit despectio, cum gentes noverim contra romani populi preheminentiam fremuisse, cum videam populos vana meditantes, ut ipse solebam, cum insuper doleam reges et principes in hoc unico concordantes: ut adversentur Domino suo et Uncto suo, romano principi. Propter quod derisive, non sine dolore quodam, cum illo clamare possum pro populo glorioso, pro Cesare, qui pro Principe celi clamabat: "Quare fremuerunt gentes, et populi meditati sunt inania? Astiterunt reges terre, et principes convenerunt in unum, adversus Dominum et adversus Cristum eius".

Verum quia naturalis amor diuturnam esse derisionem non patitur, sed, ut sol estivus qui disiectis nebulis matutinis oriens luculenter irradiat, derisione omissa, lucem correctionis effundere mavult, ad dirumpendum vincula ignorantie regum

81

atque principum talium, ad ostendendum genus humanum liberum a iugo ipsorum, cum Propheta sanctissimo me me subsequenter hortabor subsequentia subassummens: "Dirumpamus" videlicet "vincula eorum, et proiciamus a nobis iugum ipsorum".

Hec equidem duo fient sufficienter, si secundam partem presentis propositi prosecutus fuero, et instantis questionis veritatem ostendero. Nam per hoc quod romanum Inpenum de iure fuisse monstrabitur, non solum ab oculis regum et principum, qui gubemacula publica sibi usurpant, hoc ipsum de romano populo mendaciter extimantes, ignorantie nebula eluetur, sed mortales omnes esse se liberos a iugo sic usurpantium recognoscent. Veritas autem questionis patere potest non solum lumine rationis humane, sed etiam radio divine auctoritatis: que duo cum simul ad unum concurrunt, celum et terram simul assentire necesse est. Igitur fiducie prenotate innixus et testimonio rationis et auctoritatis prefretus, ad secundam questionem dirimendam ingredior.

II. Postquam sufficienter, secundum quod materia patitur, de veritate prime dubitationis inquisitum est, instat nunc de veritate secunde inquirere: hoc est utrum romanus populus de iure sibi asciverit Imperii dignitatem; cuius quidem inquisitionis principium est videre que sit illa veritas, in quam rationes inquisitionis presentis velut in principium proprium reducantur.

Sciendum est igitur quod, quemadmodum ars in triplici gradu invenitur, in mente scilicet artificis, in organo et in materia formata per artem, sic et naturam in triplici gradu possumus intueri. Est enim natura in mente primi motoris, qui Deus est; deinde in celo, tanquam in organo quo mediante similitudo bonitatis ecterne in fluitantem materiam explicatur. Et quemadmodum, perfecto existente artifice atque optime organo se habente, si contingat peccatum in forma artis, materie tantum inputandum est, sic, cum Deus ultimum perfectionis actingit et instrumentum eius, quod celum est, nullum debite perfectionis patiatur defectum, ut ex hiis patet que de celo phylosophamur, restat quod quicquid in rebus inferioribus est peccatum, ex parte materie subiacentis peccatum sit et preter intentionem Dei naturantis et celi; et quod quicquid est in rebus inferioribus bonum, cum ab ipsa materia esse non possit, sola potentia esistente, per prius ab artifice Deo sit et secondario a celo, quod organum est artis divine, quam 'naturam' comuniter appellat.

Ex hiis iam liquet quod ius, cum sit bonum, per prius in mente Dei est; et, cum omne quod in mente Dei est sit Deus, iuxta illud "Quod factum est in ipso vita erat", et Deus maxime se ipsum velit, sequitur quod ius a Deo, prout in eo est, sit volitum. Et cum voluntas et volitum in Deo sit idem, sequitur ulterius quod divina voluntas sit ipsum ius. Et iterum ex hoc sequitur quod ius in rebus nichil est aliud quam similitudo divine voluntatis; unde fit quod quicquid divine voluntati non consonat, ipsum ius esse non possit, et quicquid divine voluntati est consonum, ius ipsum sit. Quapropter querere utrum de iure factum sit aliquid, licet alia verba sint, nichil tamen aliud queritur quam utrum factum sit secundum quod Deus vult. Hoc ergo supponatur, quod illud quod Deus in hominum sotietate vult, illud pro vero atque sincero iure habendum sit.

Preterea meminisse oportet quod, ut Phylosophus docet in primis *ad Nicomacum,* "non similiter in omni materia certitudo querenda est, sed secundum quod natura rei subiecte recipit." Propter quod sufficienter argumenta sub invento principio procedent, si ex manifestis signis atque sapientum autoritatibus ius illius populi gloriosi queratur. Voluntas quidem Dei per se invisibilis est; et invisibile Dei "per ea que facta sunt intellecta conspiciuntur"; nam, occulto existente sigillo, cera impressa de illo quamvis occulto tradit notitiam manifestam. Nec mirum si divina voluntas per signa querenda est, cum etiam humana extra volentem non aliter quam per signa cernatur.

III. Dico igitur ad questionem quod romanus populus de iure, non usurpando, Monarche offitium, quod 'Imperium' dicitur, sibi super mortales omnes ascivit. Quod quidem primo sic probatur: nobilissimo populo convenit omnibus aliis preferri; romanus populus fuit nobilissimus; ergo convenit ei omnibus aliis preferri. Assumpta ratione probatur: nam, cum honor sit premium virtutis et omnis prelatio sit honor, omnis prelatio virtutis est premium. Sed constat quod merito virtutis nobilitantur homines, virtutis videlicet proprie vel maiorum. Est enim "nobilitas virtus et divitie antique", iuxta Phylosophum in *Politicis;* et iuxta Iuvenalem: "nobilitas animi sola est atque unica virtus. " Que due sententie ad duas nobilitates dantur: propriam scilicet et maiorum.

Ergo nobilibus ratione cause premium prelationis conveniens est. Et cum premia sint meritis mensuranda iuxta illud evangelicum "Eadem mensura qua mensi fueritis, remetietur vobis", maxime nobili maxime preesse convenit. Subassumptam vero testimonia veterum persuadent; nam divinus poeta noster Virgilius per totam *Eneydem* gloriosissimum regem Eneam patrem romani populi fuisse testatur in memoriam sempiternam; quod Titus Livius, gestorum romanorum scriba egregius, in prima parte sui voluminis, que a capta Troya summit exordium, contestatur. Qui quidem invictissimus atque piissimus pater quante nobilitatis vir fuerit, non solum sua considerata virtute sed progenitorum suorum atque uxorum, quorum utrorunque nobilitas hereditario iure in ipsum confluxit, esplicare nequirem: sed "summa sequar vestigia rerum".

Quantum ergo ad propriam eius nobilitatem audiendus est Poeta noster introducens in primo Ilioneum orantem sic:

Rex erat Eneas nobis, quo iustior alter
nec pietate fuit nec bello maior et armis.

Audiendus est idem in sexto, qui, cum de Miseno mortuo loqueretur qui fuerat Hectoris minister in bello et post mortem Hectoris Enee ministrum se dederat, dicit ipsum Misenum 'non inferiora secutum', comparationem faciens de Enea ad Hectorem, quem pre omnibus Homerus glorificat, ut refert Phylosophus in hiis que de moribus fugiendis *ad Nicomacum.*

Quantum vero ad hereditariam, quelibet pars tripartiti orbis tam avis quam coniugibus illum nobilitasse invenitur. Nam Asya propinquioribus avis, ut Assaraco et aliis qui Frigiam regnaverunt, Asye regionem; unde Poeta noster in tertio:

> *Postquam res Asye Priamique evertere gentem*
> *inmeritam visum superis.*

Europa vero avo antiquissimo, scilicet Dardano: Affrica quoque avia vetustissima, Electra scilicet, nata magni nominis regis Athlantis; ut de ambobus testimonium reddit Poeta noster in octavo, ubi Eneas ad Evandrum sic ait:

> *Dardanus yliace primus pater urbis et auctor,*
> *Electra, ut Grai perhibent, Athlantide cretus,*
> *advehitur Teucros: Electram maximus Athlas*
> *edidit, ethereos humero qui sustinet orbes.*

Quod autem Dardanus ab Europa originem duxerit, noster Vates in tertio cantat dicens:

> *Est locus, Hesperiam Grai cognomine dicunt,*
> *terra antiqua, potens armis atque ubere glebe.*
> *Oenotri coluere viri; nunc fama minores*
> *Ytaliam dixisse ducis de nomine gentem:*
> *hee nobis proprie sedes, hinc Dardanus ortus.*

Quod vero Athlas de Affrica fuerit, mons in illa suo nomine dictus est testis, quem esse in Affrica dicit Orosius in sua mundi descriptione sie: "Ultimus autem finis eius est mons Athlas et insule quas Fortunatas vocant"; 'eius', idest Affrice, quia de ipsa loquebatur.

Similiter etiam coniugio nobilitatum fuisse reperio. Prima nanque coniunx Creusa, Priami regis filia, de Asya fuit, ut superius haberi potest per ea que dicta sunt. Et quod fuerit coniunx testimonium perhibet noster Poeta in tertio, ubi Andromache de Ascanio filio Eneam genitorem interrogat sic:

> *Quid puer Ascanius? superatne et vescitur aura,*
> *quem tibi iam Troya peperit fumante Creusa?*

Secunda Dido fuit, regina et mater Cartaginensium in Affrica; et quod fuerit coniunx, Idem noster vaticinatur in quarto; inquit enim de Didone:

> *Nec iam furtivum Dido meditatur amorem:*
> *coniugium vocat; hoc pretexit nomine culpam.*

Tertia Lavinia fuit, Albanorum Romanorumque mater, regis Latini filia pariter et heres, si verum est testimonium nostri Poete in ultimo, ubi Turnum victum introducit orantem suppliciter ad Eneam sic:

> *Vicisti, et victum tendere palmas*
> *Ausonii videre: tua est Lavinia coniunx.*

Que ultima uxor de Ytalia fuit, Europe regione nobilissima.

Hiis itaque ad evidentiam subassumpte prenotatis cui non satis persuasum est romani populi patrem, et per consequens ipsum populum, nobilissimum fuisse sub celo? Aut quem in illo duplici concursu sanguinis a qualibet mundi parte in unum virum predestinatio divina latebit?

IV. Illud quoque quod ad sui perfectionem miraculorum suffragio iuvatur, est a Deo volitum; et per consequens de iure fit. Et quod ista sit vera patet quia, sicut dicit Thomas in tertio suo *contra Gentiles:* "miraculum est quod preter ordinem in rebus comuniter institutum divinitus fit." Unde ipse probat soli Deo competere miracula operari: quod autoritate Moysi roboratur ubi, cum ventum est ad sciniphes, magi Pharaonis naturalibus principiis artificiose utentes et ibi deficientes dixerunt: "Digitus Dei est hic". Si ergo miraculum est immediata operatio Primi absque cooperatione secundorum agentium — ut ipse Thomas in preallegato libro probat sufficienter — cum in favorem alicuius portenditur, nefas est dicere illud, cui sic favetur, non esse a Deo tanquam beneplacitum sibi provisum. Qua re suum contradictorium concedere sanctum est: romanum Imperium ad sui perfectionem miraculorum suffragio est adiutum; ergo a Deo volitum; et per consequens de iure fuit et est.

Quod autem pro romano Imperio perficiendo miracula Deus portenderit, illustrium autorum testimoniis comprobatur. Nam sub Numa Pompilio, secundo Romanorum rege, ritu Gentilium sacrificante, ancile de celo in urbem Deo electam delapsum fuisse Livius in prima parte testatur. Cuius miraculi Lucanus in nono *Farsalie* meminit incredibilem vim haustri, quam Lybia patitur, ibi describens; ait enim:

> *Sic illa profecto*
> *sacrifico cecidere Nume, que lecta iuventus*
> *patritia cervice movet; spoliaverat hauster,*
> *aut boreas populos ancilia nostra ferentes.*

Cumque Galli, reliqua urbe iam capta, noctis tenebris confusi Capitolium furtim subirent, quod solum restabat ad ultimum interitum romani nominis, anserem ibi non ante visum cecinisse Gallos adesse atque custodes ad defensandum Capitolium excitasse Livius et multi scriptores illustres concorditer contestantur. Cuius rei memor fuit Poeta noster cum clipeum Enee describeret in octavo; canit enim sic:

> *In summo custos Tarpeie Manlius arcis*
> *stabat pro templo, et Capitolia celsa tenebat,*
> *Romuleoque recens horrebat regia culmo.*
> *Atque hic auratis volitans argenteus anser*
> *porticibus Gallos in limine adesse canebat.*

At cum romana nobilitas, premente Annibale, sic caderet ut ad finalem romane rei deletionem non restaret nisi Penorum insultus ad urbem, subita et intolerabili grandine perturbante victores victoriam sequi non potuisse Livius in Bello punico inter alia gesta conscribit.

Nonne transitus Clelie mirabilis fuit, cum mulier cumque captiva, in obsidione Porsenne, abruptis vinculis, miro Dei auxilio adiuta, transnavit Tyberim, sicut onmes fere scribe romane rei ad gloriam ipsius commemorant? Sic Illum prorsus operari decebat qui cuncta sub ordinis pulcritudine ab ecterno providit, ut qui visibilis erat miracula pro invisibilibus ostensurus, idem invisibilis pro visibilibus illa ostenderet.

V. Quicunque preterea bonum rei publice intendit, finem iuris intendit. Quodque ita sequatur sic ostenditur: ius est realis et personalis hominis ad hominem proportio, que servata hominum servat sotietatem, et corrupta corrumpit — nam illa *Digestorum* descriptio non dicit quod quid est iuris, sed describit illud per notitiam utendi illo; si ergo definitio ista bene 'quid est' et 'quare' comprehendit, et cuiuslibet sotietatis finis est comune sotiorum bonum, necesse est finem cuiusque iuris bonum comune esse; et inpossibile est ius esse, bonum comune non intendens. Propter quod bene Tullius in prima *Rethorica:* "semper" inquit "ad utilitatem rei publice leges interpretande sunt." Quod si ad utilitatem eorum qui sunt sub lege leges directe non sunt, leges nomine solo sunt, re autem leges esse non possunt: leges enim oportet homines devincire ad invicem propter Comunem utilitatem. Propter quod bene Seneca de lege cum in libro *De quatuor virtutibus* "legem vinculum" dicat "humane sotietatis". Patet igitur quod quicunque bonum rei publice intendit finem iuris intendit. Si ergo Romani bonum rei publice intenderunt, verum erit dicere finem iuris intendisse.

Quod autem romanus populus bonum prefatum intenderit subiciendo sibi orbem terrarum, gesta sua declarant, in quibus, omni cupiditate summota que rei publice semper adversa est, et universali pace cum libertate dilecta, populus ille sanctus pius et gloriosus propria commoda neglexisse videtur, ut publica pro salute humani generis procuraret. Unde recte illud scriptum est: "Romanum imperium de Fonte nascitur pietatis".

Sed quia de intentione omnium ex electione agentium nichil manifestum est extra intendentem nisi per signa exteriora, et sermones inquirendi sunt secundum subiectam materiam — ut iam dictum est — satis in hoc loco habebimus, si de intentione populi romani signa indubitabilia tam in collegiis quam in singularibus personis ostendantur.

De collegiis quidem, quibus homines ad rem publicam quodammodo religati esse videntur, sufficit illa sola Ciceronis autoritas in secundis *Offitiis:* "Quandiu" inquit "imperium rei publice beneficiis tenebatur, non iniuriis, bella aut pro sotiis aut de imperio gerebantur, exitus erant bellorum aut mites aut necessaria; regum, populorum et nationum portus erat et refugium senatus; nostri autem et magistratus inperatoresque in ea re maxime laudem capere studuerunt, si provincias, si sotios equitate et fide defendissent. Itaque illud 'patrocinium' orbis terrarum potius quam 'imperium' poterat nominari". Hec Cicero.

De personis autem singularibus compendiose progrediar. Nunquid non bonum comune intendisse dicendi sunt qui sudore, qui paupertate, qui exilio, qui filiorum orbatione, qui amissione membrorum, qui denique animarum oblatione bonum publicum exaugere conati sunt?

Nonne Cincinnatus ille sanctum nobis reliquit exemplum libere deponendo dignitatem in termino cum, assumptus ab aratro, dictator factus est, ut Livius refert, et post victoriam, post triumphum, sceptro inperatorio restituto consulibus, sudaturus post boves ad stivam libere reversus est? Quippe in eius laudem Cicero, contra Epycurum in hiis que *De fine bonorum* disceptans huius beneficii memor fuit: "Itaque" inquit "et maiores nostri ab aratro duxerunt Cincinnatum illum, ut dictator esset".

Nonne Fabritius altum nobis dedit exemplum avaritie resistendi cum, pauper existens, pro fide qua rei publice tenebatur auri grande pondus oblatum derisit, ac derisum, verba sibi convenientia fundens, despexit et refutavit? Huius etiam memoriam confirmavit Poeta noster in sexto cum caneret: "parvoque potentem / Fabritium".

Nunquid non preferendi leges propriis commodis memorabile nobis exemplar Camillus fuit qui, secundum Livium, dampnatus exilio, postquam patriam liberavit obsessam, spolia etiam romana Rome restituit, universo populo reclamante, ab urbe sancta discessit, nec ante reversus est quam sibi repatriandi licentia de auctoritate senatus allata est? Et hunc magnanimum Poeta commendat in sexto cum dicit: "referentem signa Camillum".

Nonne filios an non omnes alios postponendos patrie libertati Brutus ille primus edocuit, quem Livius dicit, consulem existentem, proprios filios cum hostibus conspirantes morti dedisse? Cuius gloria renovatur in sexto Poete nostri de ipso canentis:

natosque pater nova bella moventes
ad penam pulcra pro libertate vocavit.

Quid non audendum pro patria nobis Mutius persuasit cum incautum Porsennam invasit, cum deinde manum errantem, non alio vultu quam si hostem cruciari videret, suam adhuc, cremari aspiciebat? Quod etiam Livius admiratur testificando.

Accedunt nunc ille sacratissime victime Deciorum, qui pro salute publica devotas animas posuerunt, ut Livius, non quantum est dignum, sed quantum potest glorificando renarrat; accedit et illud inenarrabile sacrifitium severissimi vere libertatis tutoris Marci Catonis. Quorum alteri pro salute patrie mortis tenebras non horruerunt; alter, ut mundo libertatis amores accenderet, quanti libertas esset ostendit dum e vita liber decedere maluit quam sine libertate manere in illa. Horum omnium nomen egregium voce Tullii recalescit. In hiis que *De fine bonorum* inquit enim Tullius hoc de Deciis: "Publius Decius princeps in ea familia consul, cum se devoveret, et equo admisso in mediam aciem Latinorum irruebat, aliquid de voluptatibus suis cogitabat, ubi ut eam caperet aut quando, cum sciret confestim esse moriendum, eamque mortem ardentiori studio peteret quam Epycurus voluptatem petendam putat? Quod quidem eius factum, nisi esset iure laudatum, non esset ymitatus quarto consulatu suo filius, neque porro ex eo natus, cum Pyrro bellum gerens, consul eo cecidisset in prelio seque e continenti genere tertiam victimam rei publice tribuisset". In hiis vero que *De offitiis* de Catone dicebat: "Non enim alia in causa Marcus Cato fuit, alia ceteri qui se in Affrica Cesari tradiderunt. Atque ceteris forsan vitio datum esset si se interemissent, propterea quod levior eorum vita et mores fuerunt faciliores; Catoni vero cum incredibilem natura tribuisset gravitatem, eamque perpetua constantia roborasset, semperque in proposito susceptoque consilio permansisset, moriendum ei potius quam tyrampni vultus aspiciendus fuit".

Declarata igitur duo sunt; quorum unum est, quod quicunque bonum rei publice intendit finem iuris intendit: aliud est, quod romanus populus subiciendo sibi orbem bonum publicum intendit. Nunc arguatur ad propositum sic: quicunque finem iuris intendit cum iure graditur; romanus populus subiciendo sibi orbem finem iuris intendit, ut manifeste per superiora in isto capitulo est probatum: ergo romanus populus subiciendo sibi orbem cum iure hoc fecit, et per consequens de iure sibi ascivit Imperii dignitatem.

Que conclusio ut ex omnibus manifestis illata sit, manifestandum est hoc quod dicitur: quod quicunque finem iuris intendit cum iure graditur. Ad cuius evidentiam advertendum quod quelibet res est propter aliquem finem; aliter esset otiosa, quod esse non potest, ut superius dicebatur. Et quemadmodum omnis res est ad proprium finem, sic omnis finis propriam habet rem cuius est finis; unde inpossibile est aliqua duo per se loquendo, in quantum duo, finem eundem intendere: sequeretur enim idem inconveniens, quod alterum scilicet esset frustra. Cum ergo iuris finis quidam sit — ut iam declaratum est — necesse est fine illo posito ius poni, cum sit proprius et per se iuris effectus. Et cum in omni consequentia inpossibile sit habere antecedens absque consequente, ut hominem sine animali, sicut patet construendo et destruendo, inpossibile est iuris finem querere sine iure, cum quelibet res ad proprium finem se habeat velut consequens ad antecedens: nam inpossibile est bonam valetudinem membrorum actingere sine sanitate. Propter quod evidentissime patet quod finem iuris intendentem oportet cum iure intendere; nec valet instantia que de verbis Phylosophi 'eubuliam' pertractantis elici solet. Dicit enim Phylosophus: "Sed et hoc falso sillogismo sortiri: quod quidem oportet sortiri; per quod autem non, sed falsum medium terminum esse". Nam si ex falsis verum quodammodo concluditur, hoc est per accidens, in quantum illud verum inportatur per voces illationis; per se enim verum nunquam sequitur ex falsis, signa tamen veri bene secuntur ex signis que sunt signa falsi. Sic et in operabilibus: nam licet fur de furto subveniat pauperi, non tamen elimosina dicenda est, sed est actio quedam que, si de propria substantia fieret, elimosine formam haberet. Similiter est de fine iuris: quia si aliquid, ut finis ipsius iuris, absque iure obtineretur, ita esset finis iuris, hoc est comune bonum, sicut exhibitio facta de male acquisito est elimosina; et sic, cum in propositione dicatur de fine iuris existente, non tantum apparente, instantia nulla est. Patet igitur quod querebatur.

VI. Et illud quod natura ordinavit, de iure servatur: natura enim in providendo non deficit ab hominis providentia, quia si deficeret, effectus superaret causam in bonitate: quod est inpossibile. Sed nos videmus quod in collegiis instituendis non solum ordo collegarum ad invicem consideratur ab instituente, sed etiam facultas ad offitia exercenda: quod est considerare terminum iuris in collegio vel in ordine; non enim ius extenditur ultra posse. Ergo ab hac providentia natura non deficit in suis ordinatis. Propter quod patet quod natura ordinat res cum respectu suarum facultatum, qui respectus est fundamentum iuris in rebus a natura positum. Ex quo sequitur quod ordo naturalis in rebus absque iure servari non possit, cum inseparabiliter iuris fundamentum ordini sit annexum: necesse igitur est ordinem de iure servari.

Romanus populus ad imperandum ordinatus fuit a natura; et hoc sic declaratur: sicut ille deficeret ab artis perfectione qui finalem formam tantum intenderet, media vero per que ad formam pertingeret non curaret, sic natura, si solam formam universalem divine similitudinis in universo intenderet, media autem negligeret; sed natura in nulla perfectione deficit cum sit opus divine intelligentie: ergo media omnia intendit, per que ad ultimum sue intentionis devenitur.

Cum ergo finis humani generis sit aliquod medium necessarium ad finem nature universalem, necesse est naturam ipsum intendere. Propter quod bene Phylosophus naturam semper agere propter finem in secundo *De naturali auditu* probat. Et quia ad hunc finem natura pertingere non potest per unum hominem, cum multe sint operationes necessarie ad ipsum, que multitudinem requirunt in operantibus, necesse est naturam producere hominum multitudinem ad diversas operationes ordinatorum: ad quod multum conferunt, preter superiorem influentiam, locorum inferiorum virtutes et proprietates. Propter quod videmus quod quidam non solum singulares homines, quinetiam populi, apti nati sunt ad principari, quidam alii ad subici atque ministrare, ut Phylosophus astruit in hiis que *De Politicis:* et talibus, ut ipse dicit, non solum regi est expediens, sed etiam iustum, etiamsi ad hoc cogantur.

Que si ita se habent, non dubium est quin natura locum et gentem disposuerit in mundo ad universaliter principandum: aliter sibi defecisset, quod est inpossibile. Quis autem fuerit locus et que gens, per dicta superius et per dicenda inferius satis est manifestum quod fuerit Roma, et cives eius sive populus. Quod etiam Poeta noster valde subtiliter in sexto tetigit, introducens Anchisem premonentem Eneam Romanorum patrem sic:

> *Excudent alti spirantia mollius era,*
> *credo equidem; vivos ducent de marmore vultus,*
> *orabunt causas melius, celique meatus*
> *describent radio, et surgentia sidera dicent:*
> *tu regere imperio populos, Romane, memento.*
> *Hee tibi erunt artes, pacique inponere morem,*
> *parcere subiectis et debellare superbos.*

Dispositionem vero loci subtiliter tangit in quarto, cum introducit Iovem ad Mercurium de Enea loquentem isto modo:

> *Non illum nobis genitrix pulcerrima talem*
> *promisit, Graiumque ideo bis vindicat armis;*
> *sed fore qui gravidam imperiis belloque frementem*
> *Ytaliam regeret.*

Propterea satis persuasum est quod romanus populus a natura ordinatus fuit ad imperandum: ergo romanus populus subiciendo sibi orbem de iure ad Imperium venit.

VII. Ad bene quoque venandum veritatem quesiti scire oportet quod divinum iudicium in rebus quandoque hominibus est manifestum, quandoque occultum. Et manifestum potest esse dupliciter: ratione scilicet et fide. Nam quedam iudicia Dei sunt ad que humana ratio propriis pedibus pertingere potest, sicut ad hoc: quod homo pro salute patrie seipsum exponat; nam si pars debet se exponere pro salute totius, cum homo sit pars quedam civitatis, ut per Phylosophum patet in suis *Politicis,* homo pro patria debet exponere seipsum, tanquam minus bonum pro meliori. Unde Phylosophus *ad Nicomacum:* "Amabile quidem enim et uni soli, melius et divinius vero genti et civitati". Et hoc iudicium Dei est; aliter humana ratio in sua rectitudine non sequeretur nature intentionem: quod est inpossibile.

Quedam etiam iudicia Dei sunt, ad que etsi humana ratio ex propriis pertingere nequit, elevatur tamen ad illa cum adiutorio fidei eorum que in Sacris Literis nobis dicta sunt, sicut ad hoc: quod nemo, quantumcunque moralibus et intellectualibus virtutibus et secundum habitum et secundum operationem perfectus, absque fide salvari potest, dato quod nunquam aliquid de Cristo audiverit. Nam hoc ratio humana per se iustum intueri non potest, fide tamen adiuta potest. Scriptum est enim *ad Hebreos:* "Inpossibile est sine fide placere Deo"; et in Levitico: "Homo quilibet de domo Israel, qui occiderit bovem aut ovem aut capram in castris vel extra castra et non obtulerit ad hostium tabemaculi oblationem Domino, sanguinis reus erit". Hostium tabemaculi Cristum figurat, qui est hostium conclavis ecterni, ut ex *Evangelio* elici potest: occisio animalium operationes humanas.

Occultum vero est iudicium Dei ad quod humana ratio nec lege nature nec lege Scripture, sed de gratia spetiali quandoque pertingit; quod fit pluribus modis: quandoque sinplici revelatione, quandoque revelatione disceptatione quadam mediante. Sinplici revelatione dupliciter: aut sponte Dei, aut oratione impetrante; sponte Dei dupliciter: aut expresse, aut per signum; expresse, sicut revelatum fuit iudicium Samueli contra Saulem; per signum, sicut Pharaoni revelatum fuit per signa quod Deus iudicaverat de liberatione filiorum Israel. Oratione inpetrante, quod sciebant qui dicebant secundo *Paralipomenon:* "Cum ignoramus quid agere debeamus, hoc solum habemus residui: quod oculos nostros ad Te dirigamus".

Disceptatione vero mediante dupliciter: aut sorte, aut certamine; 'certare' etenim ab eo quod est 'certum facere' dictum est. Sorte quidem Dei iudicium quandoque revelatur hominibus, ut patet in substitutione Mathie in *Actibus Apostolorum.*

Certamine vero dupliciter Dei iudicium aperitur: vel ex collisione virium, sicut fit per duellum pugilum, qui duelliones etiam vocantur, vel ex contentione plurium ad aliquod signum prevalere conantium, sicut fit per pugnam athletarum currentium ad bravium. Primus horum modorum apud Gentiles figuratus fuit in illo duello Herculis et Anthei, cuius Lucanus meminit in quarto *Farsalie* et Ovidius in nono *De rerum transmutatione;* secundus figuratur apud eosdem in Athalanta et Ypomene in decimo *De rerum transmutatione.*

Similiter et latere non debet quoniam in hiis duobus decertandi generibus ita se habet res, ut in altero sine iniuria decertantes inpedire se possint, puta duelliones, in altero vero non; non enim athlete inpedimento in alterutrum uti debent, quamvis Poeta noster aliter sensisse videtur in quinto, cum fecit remunerari Eurialum. Propter quod melius Tullius in tertiis *Offitiis* hoc prohibuit sententiam Crisippi sequens; ait enim sic: "Scite Crisippus, ut multa: 'qui stadium' inquit 'currit, eniti et contendere debet quam maxime possit ut vincat; supplantare eum quicum certet nullo modo debet'".

Hiis itaque in capitulo distinctis, duas rationes efficaces ad propositum accipere possumus: scilicet a disceptatione athletarum unam, et a disceptatione pugilum alteram; quas quidem prosequar in sequentibus et inmediatis capitulis.

VIII. Ille igitur populus qui cunctis athletizantibus pro imperio mundi prevaluit, de divino iudicio prevaluit. Nam, cum diremptio universalis litigii magis Deo sit cure quam diremptio particularis, et in particularibus litigiis quibusdam per athletas divinum iudicium postulamus iuxta iam tritum proverbium "Cui Deus concedit, benedicat et Petrus", nullum dubium est quin prevalentia in athletis pro imperio mundi certantibus Dei iudicium sit secuta. Romanus populus cunctis athletizantibus pro imperio mundi prevaluit: quod erit manifestum — si considerantur athlete — si consideretur et bravium sive meta. Bravium sive meta fuit omnibus preesse mortalibus: hoc enim 'Imperium' dicimus. Sed hoc nulli contigit nisi romano populo; hic non modo primus, quin etiam solus actigit metam certaminis, ut statim patebit.

Primus nanque in mortalibus, qui ad hoc bravium anelavit, Ninus fuit Assiriorum rex: qui quamvis cum consorte thori Semiramide per nonaginta et plures annos, ut Orosius refert, imperium mundi armis temptaverit et Asyam totam sibi subegerit, non tamen occidentales mundi partes eis unquam subiecte fuerunt. Horum amborum Ovidius memoriam fecit in quarto, ubi dicit in *Piramo:*

Coctilibus muris cinxisse Semiramis urbem et infra:
Conveniant ad busta Nini lateantque sub umbra.

Secundus Vesoges, rex Egipti, ad hoc bravium spiravit; et quamvis meridiem atque septentrionem in Asya exagitaverit, ut Orosius memorat, nunquam tamen dimidiam partem orbis obtinuit; quin ymo a Scithis inter quasi athlotetas et terminum ab incepto suo temerario est aversus.

Deinde Cirus, rex Persarum, temptavit hoc: qui, Babilone destructa imperioque Babilonis ad Persas translato, nec adhuc partes occidentales expertus, sub Tamiride regina Scitharum vitam simul et intentionem deposuit.

Post hos vero Xerxes, Darii filius et rex in Persis, cum tanta gentiam moltitudine mundum invasit, cum tanta potentia, ut transitum maris Asyam ab Europa dirimentis inter Sexton et Abidon ponte superaverit. Cuius operis admirabilis Lucanus in secundo *Farsalie* memor fuit; canit enim ibi sic:

> *Talis fama canit tumidum super equora Xerxem*
> *construxisse vias.*

Et tandem, miserabiliter ab incepto repulsus, ad bravium pervenire non potuit.

Preter istos et post, Alexander rex Macedo maxime omnium ad palmam Monarchie propinquans, dum per legatos ad deditionem Romanos premoneret, apud Egiptum ante Romanorum responsionem, ut Livius narrat, in medio quasi cursu collapsus est. De cuius etiam sepultura ibidem existente Lucanus in octavo, invehens in Ptolomeum regem Egipti, testimonium reddit dicens:

> *Ultima Lagee stirpis perituraque proles*
> *degener, inceste sceptris cessure sororis,*
> *cum tibi sacrato Macedo servetur in antro.*

"O altitudo divitiarum et scientie et sapientie Dei", quis hic te non obstupescere poterit? Nam conantem Alexandrum prepedire in cursu coathletam romanum tu, ne sua temeritas prodiret ulterius, de certamine rapuisti.

Sed quod Roma palmam tanti bravii sit adepta, multis comprobatur testimoniis. Ait enim Poeta noster in primo:

Certe hinc Romanos olim volventibus armis
hinc fore ductores, revocato a sanguine Teucri,
qui mare, qui terras omni ditione tenerent.

Et Lucanus in primo:

Dividitur ferro regnum populique potentis
que mare, que terras, que totum possidet orbem
non cepit Fortuna duos.

Et Boetius in secundo, cum de Romanorum principe loqueretur, sic inquit:

Hic tamen sceptro populos regebat,
quos videt condens radios sub undas
Phebus extremo veniens ab ortu,
quos premunt septem gelidi triones,
quos nothus sicco violentas estu
torret, ardentes recoquens arenas.

Hoc etiam testimonium perhibet scriba Cristi Lucas, qui omnia vera dicit, in illa parte sui eloquii: "Exivit edictum a Cesare Augusto, ut describeretur universus orbis"; in quibus verbis universalem mundi iurisdictionem tunc Romanorum fuisse aperte intelligere possumus.

Ex quibus omnibus manifestum est quod romanus populus cunctis athletizantibus pro imperio mundi prevaluit: ergo de divino iudicio prevaluit, et per consequens de divino iudicio obtinuit; quod est de iure obtinuisse.

IX. Et quod per duellum acquiritur, de iure acquiritur. Nam ubicunque humanum iudicium deficit, vel ignorantie tenebris involutum vel propter presidium iudicis non habere, ne iustitia derelicta remaneat recurrendum est ad Illum qui tantum eam dilexit ut, quod ipsa exigebat, de proprio sanguine ipse moriendo supplevit; unde psalmus: "Iustus Dominus et iustitias dilexit". Hoc autem fit cum de libero assensu partium, non odio, non amore, sed solo zelo iustitie, per virium tam animi quam corporis mutuam collisionem divinum iudicium postulatur: quam quidem collisionem, quia primitus unius ad unum fuit ipsa inventa, 'duellum' appellamus.

Sed semper cavendum est ut, quemadmodum in rebus bellicis prius omnia temptanda sunt per disceptationem quandam et ultimum per prelium dimicandum est, ut Tullius et Vegetius concorditer precipiunt, hic in *Re militari,* ille vero in *Offitiis;* et quemadmodum in cura medicinali ante ferrum et ignem omnia experienda sunt et ad hoc ultimo recurrendum; sic — omnibus viis prius investigatis pro iudicio de lite habendo, ad hoc remedium ultimo quadam iustitie necessitate coacti recurramus.

Duo igitur formalia duelli apparent: unum hoc quod nunc dictum est; aliud quod superius tangebatur, scilicet ut non odio, non amore, sed solo zelo iustitie de comuni assensu agoniste seu duelliones palestram ingrediantur. Et propter hoc bene Tullius, cum de hac materia tangeret; inquiebat enim: "Sed bella quibus Imperii corona proposita est, minus acerbe gerenda sunt".

Quod si formalia duelli servata sunt, aliter enim duellum non esset, iustitie necessitate de comuni assensu congregati propter zelum iustitie nonne in nomine Dei congregati sunt? Et si sic, nonne Deus in medio illorum est, cum ipse in *Evangelio* nobis hoc promictat ? Et si Deus adest, nonne nefas est arbitrari iustitiam succumbere posse, quam ipse in tantum diligit, quantum superius prenotatur? Et si iustitia in duello succumbere nequit, nonne de iure acquiritur quod per duellum acquiritur?

Hanc veritatem etiam Gentiles ante tubam evangelicam cognoscebant, cum iudicium a fortuna duelli querebant. Unde bene Pirrus ille, tam moribus Eacidarum quam sanguine generosus, cum legati Romanorum pro redimendis captivis ad illum missi fuerunt, respondit:

> *Nec mi aurum posco, nec mi pretium dederitis;*
> *non cauponantes bellum, sed belligerantes,*
> *ferro, non auro, vitam cernamus utrique.*
> *Vosne velit an me regnare Hera, quidve ferat Fors,*
> *virtute experiamur...*
> *Quorum virtuti belli fortuna pepercit,*
> *eorundem me libertati parcere certum est.*
> *Dono ducite...*

Hic Pirrus 'Heram' vocabat fortunam, quam causam melius et rectius nos Divinam Providentiam appellamus. Unde caveant pugiles ne pretium constituant sibi causam; quia non tunc duellum, sed forum sanguinis et iustitie dicendum esset; nec tunc arbiter Deus adesse credatur, sed ille antiquus Hostis qui litigii fuerat persuasor. Habeant semper, si duelliones esse volunt, non sanguinis et iustitie mercatores, in hostio palestre ante oculos Pirrum, qui pro imperio decertando sic aurum despiciebat ut dictum est.

Quod si contra veritatem ostensam de inparitate virium instetur, ut assolet, per victoriam David de Golia obtentam instantia refellatur; et si Gentiles aliud peterent, refellant ipsam per victoriam Herculis in Antheum. Stultum enim est valde vires quas Deus confortat inferiores in pugile suspicari.

Iam satis manifestum est quod per duellum acquiritur de iure acquiri. Sed romanus populus per duellum acquisivit Imperium: quod fide dignis testimoniis comprobatur. In quibus manifestandis non solum hoc apparebit, sed etiam quicquid a primordialibus Imperii romani diudicandum erat per duellum esse discussum.

Nam de primo cum de sede patris Enee, qui primus pater huius populi fuit, verteretur litigium, Turno Rotulorum rege contra stante, de comuni amborum regum assensu ad ultimum, propter divinum beneplacitum inquirendum, inter se solum dimicatum est, ut in ultimis *Eneydos* canitur. In quo quidem agone tanta victoris Enee clementia fuit, ut nisi balteus, quem Turnus Pallanti a se occiso detraxerat, patuisset, victo victor simul vitam condonasset et pacem, ut ultima carmina nostri Poete testantur.

Cumque duo populi ex ipsa troyana radice in Ytalia germinassent, romanus videlicet et albanus, atque de signo aquile deque penatibus aliis Troyanorum atque dignitate principandi longo tempore inter se disceptatum esset, ad ultimum de comuni assensu partium, propter iustitiam cognoscendam, per tres Oratios fratres hinc et per totidem Curiatios fratres inde in conspectu regum et populorum altrinsecus expectantium decertatum est: ubi tribus pugilibus Albanorum peremptis, Romanorum duobus, palma victorie sub Hostilio rege cessit Romanis. Et hoc diligenter Livius in prima parte contexit, cuius Orosius etiam contestatur.

Deinde cum finitimis, omni iure belli servato, cum Sabinis, cum Samnitibus, licet in multitudine decertantium, sub forma tamen duelli, de imperio decertatum fuisse Livius narrat: in quo quidem modo decertandi cum Saninitibus fere fortunam, ut dicam, incepti penituit. Et hoc Lucanus in secundo ad exemplum reducit sic:

> *Aut Collina tulit stratas quot porta catervas*
> *tunc cum pene caput mundi rerumque potestas*
> *mutavit translata locum, romanaque Samnis*
> *ultra Caudinas speravit vulnera furcas.*

Postquam vero Ytalorum litigia sedata fuerunt, et cum Grecis cumque Penis nondum pro divino iudicio certatum esset, ad Imperium intendentibus illis et illis, Fabritio pro Romanis, Pirro pro Grecis, de imperii gloria in militie multitudine decertantibus, Roma obtinuit; Scipione vero pro Ytalis, Annibale pro Affricanis in forma duelli bellum gerentibus, Ytalis Affricani succubuerunt, sicut Livius et alii romane rei scriptores testificari conantur.

Quis igitur adeo mentis obtuse nunc est, qui non videat sub iure duelli gloriosum populum coronam orbis totius esse lucratum? Vere dicere potuit homo romanus quod quidem Apostolus ad Timotheum "Reposita est michi corona iustitie"; 'reposita', scilicet in Dei providentia ecterna. Videant nunc iuriste presumptuosi quantum infra sint ab illa specula rationis unde humana mens hec principia speculatur, et sileant secundum sensum legis consilium et iudicium exhibere contenti. Et iam manifestum est quod romanus populus per duellum acquisivit Imperium: ergo de iure acquisivit; quod est principale propositum in libro presenti.

X. Usque adhuc patet propositum per rationes que plurimum rationalibus principiis innituntur; sed ex nunc ex principiis fidei cristiane iterum patefaciendum est. Maxime enim "fremuerunt" et "inania meditati sunt" in romanum Principatum qui zelatores fidei cristiane se dicunt; nec miseret eos pauperum Cristi, quibus non solum defraudatio fit in ecclesiarum proventibus, quinymo patrimonio ipsa cotidie rapiuntur, et depauperatur Ecclesia dum, simulando iustitiam, executorem iustitie non admittunt.

Nec iam depauperatio talis absque Dei iudicio fit, cum nec pauperibus, quorum patrimonio sunt Ecclesie facultates, inde subveniatur, nec ab offerente Imperio cum gratitudine teneantur. Redeunt unde venerunt: venerunt bene, redeunt male, quia bene data, et male possessa sunt. Quid ad pastores tales? Quid si

Ecclesie substantia defluit dum proprietates propinquorum suorum exaugeantur? Sed forsan melius est propositum prosequi, et sub pio silentio Salvatoris nostri expectare succursum.

Dico ergo quod, si romanum Imperium de iure non fuit, Cristus nascendo persuasit iniustum; consequens est falsum: ergo contradictorium antecedentis est verum. Inferunt enim se contradictoria invicem a contrario sensu.

Falsitatem consequentis ad fideles estendere non oportet: nam si fidelis quis est, falsum hoc esse concedit et si non concedit, fidelis non est, et si fidelis non est, ad eum ratio ista non queritur.

Consequentiam sic ostendo: quicunque aliquod edictum ex electione prosequitur, illud esse iustum opere persuadet et, cum opera persuadentiora sint quam sermones, ut Phylosopho placet in ultimis *ad Nicomacum,* magis persuadet quam si sermone approbaret. Sed Cristus, ut scriba eius Lucas testatur, sub edicto romane auctoritatis nasci voluit de Virgine Matre, ut in illa singulari generis humani descriptione filius Dei, homo factus, homo conscriberetur: quod fuit illud prosequi. Et forte sanctius est arbitrari divinitus illud exivisse per Cesarem, ut qui tanta tempora fuerat expectatus in sotietate mortalium, cum mortalibus ipse se consignaret.

Ergo Cristus Augusti, Romanorum auctoritate fungentis, edictum fore iustum opere persuasit. Et cum ad iuste edicere iurisdictio sequatur, necesse est ut qui iustum edictum persuasit iurisdictionem etiam persuaserit: que si de iure non erat, iniusta erat. Et notandum quod argumentum sumptum ad destructionem consequentis, licet de sua forma per aliquem locum teneat, tamen vim suam per secundam figuram ostendit, si reducatur sicut argumentum a positione antecedentis per primam. Reducitur enim sic: omne iniustum persuadetur iniuste; Cristus non persuasit iniuste: ergo non persuasit iniustum. A positione antecedentis sic: onme iniustum persuadetur iniuste; Cristus persuasit quoddam iniustum: ergo persuasit iniuste.

XI. Et si romanum Imperium de iure non fuit, peccatum Ade in Cristo non fuit punitum, hoc autem est falsum: ergo contradictorium eius ex quo sequitur est verum. Falsitas consequentis apparet sic: cum enim per peccatum Ade omnes peccatores essemus, dicente Apostolo : "Sicut per unum hominem in hunc mundum peccatum intravit et per peccatum mors, ita in omnes homines mors, in quo omnes peccaverunt"; si de illo peccato non fuisset satisfactum per mortem Cristi, adhuc essemus filii ire natura, natura scilicet depravata. Sed hoc non est, cum dicat Apostolus *ad Ephesios* loquens de Patre: "Qui predestinavit nos in adoptionem filiorum per Iesum Cristum in ipsum, secundum propositum voluntatis sue, in laudem, et gloriam gratie sue, in qua gratificavit nos in dilecto Filio suo, in quo habemus redemptionem per sanguinem eius, remissionem peccatorum secundum divitias glorie sue que superhabundavit in nobis"; cum etiam Cristus ipse, in se punitionem patiens, dicat in *Iohanne:* "Consummatum est"; nam ubi consummatum est, nichil restat agendum.

Propter convenientiam sciendum quod 'punitio' non est simpliciter 'pena iniuriam inferenti', sed 'pena inflicta iniuriam inferenti ab habente iurisdictionem puniendi'; unde, nisi ab ordinario iudice pena inflicta sit, 'punitio' non est, sed potius 'iniuria' est dicenda. Unde dicebat ille Moysi: "Quis constituit te iudicem super nos?".

Si ergo sub ordinario iudice Cristus passus non fuisset, illa pena punitio non fuisset. Et iudex ordinarius esse non poterat nisi supra totum humanum genus iurisdictionem habens, cum totum humanum genus in carne illa Cristi portantis dolores nostros, ut ait Propheta, puniretur. Et supra totum humanum genus Tyberius Cesar, cuius vicarius erat Pilatus, iurisdictionem non habuisset, nisi romanum Imperium de iure fuisset. Hinc est quod Herodes, quamvis ignorans quid faceret, sicut et Cayphas cum verum dixit de celesti decreto, Cristum Pilato remisit ad iudicandum ut Lucas in *Evangelio* suo tradit. Erat enim Herodes non vicem Tyberii gerens sub signo aquile vel sub signo senatus, sed rex regno singolari ordinatus ab eo et sub signo regni sibi commissi gubernans.

Desinant igitur Imperium exprobrare romanum qui se filios Ecclesie fingunt, cum videant sponsum Cristum illud sic in utroque termino sue militie comprobasse. Et iam sufficienter manifestum esse arbitror, romanum populum sibi de iure orbis Imperium ascivisse.

O felicem populum, o Ausoniam te gloriosam, si vel nunquam infirmator ille Imperii tui natus fuisset, vel nunquam sua pia intentio ipsum fefellisset!

Caput Tertium

"Conclusit ora leonum, et non nocuerunt michi: quia coram eo iustitia inventa est in me". In principio huius operis propositum fuit de tribus questionibus, prout materia pateretur, inquirere; de quarum duabus primis in superioribus libris, ut credo, sufficienter peractum est. Nunc autem de tertia restat agendum: cuius quidem veritas, quia sine rubore aliquorum emergere nequit, forsitan alicuius indignationis in me causa erit. Sed quia de trono immutabili suo Veritas deprecatur, Salomon etiam silvam *Proverbiorum* ingrediens meditandam veritatem, impium detestandum in se facturo nos docet, ac preceptor morum Phylosophus familiaria destruenda pro veritate suadet; assumpta fiducia de verbis Danielis premissis, in quibus divina potentia clipeus defensorum veritatis astruitur, iuxta monitionem Pauli fidei loricam induens, in calore carbonis illius quem unus de Seraphin accepit de altari celesti et tetigit labia Ysaie, gignasium presens ingrediar, et in brachio Illius qui nos de potestate tenebrarum liberavit in sanguine suo impium atque mendacem de palestra, spectante mundo, eiciam. Quid timeam, cum Spiritus Patri et Filio coecternus aiat per os David: "In memoria ecterna erit iustus, ab auditione mala non timebit"?

Questio igitur presens, de qua inquisitio futura est, inter duo luminaria magna versatur: romanum scilicet Pontificem et romanum Principem; et queritur utrum auctoritas Monarche romani, qui de iure Monarcha munii est, ut in secundo libro probatum est, inmediate a Deo dependeat an ab aliquo Dei vicario vel ministro, quem Petri successorem intelligo, qui vere claviger est regni celorum.

II. Ad presentem questionem discutiendam, sicut in superioribus est peractum, aliquod principium est assummendum in virtute cuius aperiende veritatis argumenta formentur; nam sine prefixo principio etiam vera dicendo laborare quid prodest, cum principium solum assummendorum mediorum sit radix?

Hec igitur irrefragabilis veritas prefigatur: scilicet quod illud quod nature intentioni repugnat Deus nolit. Nam si hoc verum non esset, contradictorium eius non esset falsum, quod est: Deum non nolle quod nature intentioni repugnat. Et si hoc non falsum, nec ea que secuntur ad ipsum; impossibile enim est in necessariis consequentiis falsum esse consequens antecedente non falso existente.

Sed ad 'non nolle' alterum duorum sequitur de necessitate: aut 'velle' aut 'non velle'; sicut ad 'non odire' necessario sequitur aut 'amare' aut 'non amare'; non enim 'non amare' est 'odire', nec 'non velle' est 'nolle', ut de se patet. Que si falsa non sunt, ista non erit falsa: 'Deus vult quod non vult'; cuius falsitas non habet superiorem.

Quod autem verum sit quod dicitur sic declaro: manifestum est quod Deus finem nature vult, aliter celum otiose moveret; quod dicendum non est. Si Deus vellet impedimentum finis, vellet etiam finem impedimenti, aliter etiam otiose vellet; et cum finis impedimenti sit non esse rei impedite, sequeretur Deum velle non esse finem nature, quem dicitur velle esse.

Si enim Deus non vellet impedimentum finis, prout non vellet sequeretur ad non velle nichil de impedimento curare, sive esset sive non esset; sed qui impedimentum non curat, rem que potest impediri non curat, et per consequens non habet in voluntate; et quod quis non habet in voluntate, non vult. Propter quod si finis nature impediri potest — quod potest — de necessitate sequitur quod Deus finem nature non vult; et sic sequitur quod prius: videlicet Deum velle quod non vult.

Verissimum igitur est illud principium ex cuius contradictorio tam absurda secuntur.

III. In introitu ad questionem hanc notare oportet quod prime questionis veritas magis manifestanda fuit ad ignorantiam tollendam, quam ad tollendum litigium; sed que fuit secunde questionis, quasi equaliter ad ignorantiam et litigium se habebat: multa etenim ignoramus de quibus non litigamus. Nam geometra circuli quadraturam ignorat non tamen de ipsa litigat; theologus vero numerum angelorum ignorat; non tamen de illo litigium facit; Egiptius vero civilitatem Scitharum ignorat, non propter hoc de ipsorum civilitate contendit.

Huius quidem tertie questionis veritas tantum habet litigium, ut, quemadmodum in aliis ignorantia solet esse causa litigii, sic et hic litigium causa ignorantie sit magis. Hominibus nanque rationis intuitu voluntatem prevolantibus hoc sepe contingit: ut, male affecti, lumine rationis postposito, affectu quasi ceci trahantur et pertinaciter suam denegent cecitatem. Unde fit persepe quod non solum falsitas patrocinium habeat, sed — ut plerique — de suis terminis egredientes per aliena castra discurrant; ubi nichil intelligentes, ipsi nichil intelliguntur: et sic provocant quosdam ad iram, quosdam ad dedignationem, nonnullos ad risum.

Igitur contra veritatem que queritur tria hominum genera maxime colluctantur. Summus nanque Pontifex, domini nostri Iesu Cristi vicarius et Petri successor, cui non quicquid Cristo sed quicquid Petro debemus, zelo fortasse clavium, necnon alii gregum cristianorum pastores, et alii quos credo zelo solo matris Ecclesie promoveri, veritati quam ostensurus sum de zelo forsan — ut dixi — non de superbia contradicunt.

Quidam vero alii, quorum obstinata cupiditas lumen rationis extinxit — et dum ex patre dyabolo sunt, Ecclesie se filios esse dicunt — non solum in hac questione litigium movent, sed sacratissimi principatus vocabulum aborrentes superiorum questionum et huius principia inpudenter negarent.

Sunt etiam tertii — quos Decretalistas vocant — qui, theologie ac phylosophie cuiuslibet inscii et expertes, suis *Decretalibus* — quas profecto venerandas existimo — tota intentione innixi, de illarum prevalentia — credo — sperantes, Imperio derogant. Nec mirum, cum iam audiverim quendam de illis dicentem et procaciter asserentem traditiones Ecclesie fidei fundamentum: quod quidem nefas de oppinione mortalium illi summoveant qui ante traditiones Ecclesie in Filium Dei Cristum sive venturum sive presentem sive iam passum crediderunt, et credendo speraverunt, et sperantes karitate arserunt, et ardentes ei coheredes factos esse mundus non dubitat.

Et ut tales de presenti gignasio totaliter excludantur, est advertendum quod quedam scriptura est ante Ecclesiam, quedam cum Ecclesia, quedam post Ecclesiam.

Ante quidem Ecclesiam sunt Vetus et Novum Testamentum, quod "in ecternum mandatum est" ut ait Propheta; hoc enim est quod dicit Ecclesia loquens ad sponsum: "Trahe me post te".

Cum Ecclesia vero sunt veneranda illa concilia principalia quibus Cristum interfuisse nemo fidelis dubitat, cum habeamus ipsum dixisse discipulis ascensurum in celum "Ecce ego vobiscum sum in omnibus diebus usque ad consummationem seculi", ut Matheus testatur. Sunt etiam Scripture doctorum, Augustini et aliorum, quos a Spiritu Sancto adiutos qui dubitat, fructus eorum vel omnino non vidit vel, si vidit, minime degustavit.

Post Ecclesiam vero sunt traditiones quas 'decretales' dicunt: que quidem etsi auctoritate apostolica sunt venerande, fundamentali tamen Scripture postponendas esse dubitandum non est, cum Cristus sacerdotes obiurgaverit de contrario. Cum enim interrogassent: "Quare discipuli tui traditionem seniorum transgrediuntur?" — negligebant enim manuum lotionem —

Cristus eis, Matheo testante, respondit: "Quare et vos transgredimini mandatum Dei propter traditionem vestram?". In quo satis innuit traditionem postponendam.

Quod si traditiones Ecclesie post Ecclesiam sunt, ut declaratum est, necesse est ut non Ecclesie a traditionibus, sed ab Ecclesia traditionibus accedat auctoritas. Hiique solas traditiones habentes ab hoc — ut dicebatur — gignasio excludendi sunt: oportet enim, hanc veritatem venantes, ex hiis ex quibus Ecclesie manat auctoritas investigando procedere.

Hiis itaque sic exclusis, excludendi sunt alii qui, corvorum plumis operti, oves albas in grege Domini se iactant. Hii sunt impietatis filii qui, ut flagitia sua exequi possint, matrem prostituunt, fratres expellunt, et denique iudicem habere nolunt. Nam cur ad eos ratio quereretur, cum sua cupiditate detenti principia non viderent?

Quapropter cum solis concertatio restat qui, aliquali zelo erga matrem Ecclesiam ducti, ipsam que queritur veritatem ignorant: cum quibus illa reverentia fretus quam pius filius debet patri, quam pius filius matri, pius in Cristum, pius in Ecclesiam, pius in pastorem, pius in omnes cristianam religionem profitentes, pro salute veritatis in hoc libro certamen incipio.

IV. Isti vero ad quos erit tota disputatio sequens, asserentes auctoritatem Imperii ab auctoritate Ecclesie dipendere velut artifex inferior dependet ab architecto, pluribus et diversis argumentis moventur; que quidem de Sacra Scriptura eliciunt et de quibusdam gestis tam summi Pontificis quam ipsius Imperatoris, nonnullum vero rationis indicium habere nituntur.

Dicunt enim primo, secundum scripturam *Geneseos,* quod Deus fecit duo magna luminaria — luminare maius et luminare minus — ut alterum preesset diei et alterum preesset nocti: que allegorice dicta esse intelligebant ista duo regimina: scilicet spirituale et temporale. Deinde arguunt quod, quemadmodum luna, que est luminare minus, non habet lucem nisi prout recipit a sole, sic nec regnum temporale auctoritatem habet nisi prout recipit a spirituali regimine.

Propter hanc et propter alias eorum rationes dissolvendas prenotandum quod, sicut Phylosopho placet in hiis que *De sophisticis elenchis:* "solutio argumenti est erroris manifestatio." Et quia error potest esse in materia et in forma argumenti, dupliciter peccare contingit: aut scilicet assummendo falsum, aut non sillogizando; que duo Phylosophus obiciebat contra Parmenidem et Melissum dicens: "Quia falsa recipiunt et non sillogizantes sunt". Et accipio hic largo modo 'falsum' etiam pro 'inoppinabili', quod in materia probabili habet naturam falsi. Si vero in forma sit peccatum, conclusio interimenda est ab illo qui solvere vult, ostendendo formam sillogisticam non esse servatam. Si vero peccatum sit in materia, aut est quia 'simpliciter' falsum assumptum est, aut quia falsum 'secundum quid'. Si 'simpliciter', per interemptionem assumpti solvendum est; si 'secundum quid', per distinctionem.

Hoc viso, ad meliorem huius et aliarum inferius factarum solutionum evidentiam advertendum quod circa sensum misticum dupliciter errare contingit: aut querendo ipsum ubi non est, aut accipiendo aliter quam accipi debeat. Propter primum dicit Augustinus in *Civitate Dei:* "Non omnia que gesta narrantur etiam significare aliquid putanda sunt, sed propter illa que aliquid significant etiam ea que nichil significant actexuntur. Solo vomere terra proscinditur; sed ut hoc fieri possit, etiam cetera aratri membra sunt necessaria".

Propter secundum idem ait *in Doctrina Cristiana,* loquens de illo aliud in Scripturis sentire quam ille qui scripsit eas dicit, quod "ita fallitur ac si quisquam deserens viam eo tamen per girum pergeret quo via illa perducit"; et subdit: "Demonstrandum est ut consuetudine deviandi etiam in transversum aut perversum ire cogatur". Deinde innuit causam quare cavendum sit hoc in Scripturis, dicens: "Titubabit fides, si Divinarum Scripturarum vacillat autoritas". Ego autem dico quod si talia fiunt de ignorantia, correctione diligenter adhibita ignoscendum est sicut ignoscendum esset illi qui leonem in nubibus formidaret; si vero industria. non aliter cum sic errantibus est agendum, quam cum tyrampnis, qui publica iura non ad comunem utilitatem secuntur, sed ad propriam retorquere conantur.

O summum facinus, etiamsi contingat in sompniis, ecterni Spiritus intentione abuti! Non enim peccatur in Moysen, non in David, non in Iob, non in Matheum, non in Paulum, sed in Spiritum Sanctum qui loquitur in illis. Nam quanquam scribe divini eloquii multi sint, unicus tamen dictator est Deus, qui beneplacitum suum nobis per multorum calamos explicare dignatus est.

Hiis itaque prenotatis, ad id quod superius dicebatur dico per interemptionem illius dicti quo dicunt illa duo luminaria typice importare duo hec regimina: in quo quidem dicto tota vis argumenti consistit. Quod autem ille sensus omnino sustineri non possit, duplici via potest ostendi. Primo quia, cum huiusmodi regimina sint accidentia quedam ipsius hominis, videretur Deus usus fuisse ordine perverso accidentia prius producendo quam proprium subicctum: quod absurdum est dicere de Deo; nam illa duo luminaria producta sunt die quarto et homo die sexto, ut patet in Lictera.

Preterea, cum ista regimina sint hominum directiva in quosdam fines, ut infra patebit, si homo stetisset in statu innocentie in quo a Deo factus est, talibus directivis non indiguisset: sunt ergo huiusmodi regimina remedia contra infirmitatem peccati. Cum ergo non solum in die quarto peccator homo non erat, sed etiam simpliciter homo non erat, producere remedia fuisset otiosum: quod est contra divinam bonitatem. Stultus enim esset medicus qui, ante nativitatem hominis, pro apostemate futuro illi emplastrum conficeret. Non igitur dicendum est quod quarto die Deus hec duo regimina fecerit; et per consequens intentio Moysi esse non potuit illa quam fingunt.

Potest etiam hoc, mendacio tollerando, per distinctionem dissolvi: mitior nanque est in adversarium solutio distinctiva; non enim omnino mentiens esse videtur, sicut interemptiva illum videri facit. Dico ergo quod licet luna non habeat lucem habundanter nisi ut a sole recipit, non propter hoc sequitur quod ipsa luna sit a sole. Unde sciendum quod aliud est esse ipsius lune, aliud virtus eius, et aliud operari. Quantum est ad esse, nullo modo luna dependet a sole, nec etiam quantum ad virtutem, nec quantum ad operationem simpliciter; quia motus eius est a motore proprio, influentia sua est a propriis eius radiis: habet enim aliquam lucem ex se, ut in eius eclipsi manifestum est. Sed quantum ad melius et virtuosius operandum, recipit aliquid a sole, quia lucem habundantem: qua recepta, virtuosius operatur.

Sic ergo dico quod regnum temporale non recipit esse a spirituali, nec virtutem que est eius auctoritas, nec etiam operationem simpliciter; sed bene ab eo recipit ut virtuosius operetur per lucem gratie quam in celo et in terra benedictio summi pontificis infundit illi. Et ideo argumentum peccabat in forma, quia predicatum in conclusione non est extremitas maioris, ut patet; procedit enim sic: luna recipit lucem a sole qui est regimen spirituale; regimen temporale est luna; ergo regimen temporale recipit auctoritatem a regimine spirituali. Nam in extremitate maioris ponunt 'lucem', in predicato vero conclusionis 'auctoritatem': que sunt res diverse subiecto et ratione, ut visum est

V. Assummunt etiam argumentum de lictera Moysi, dicentes quod de femore Iacob fluxit figura horum duorum regiminum, quia Levi et Iudas: quorum alter fuit pater sacerdotii, alter vero regiminis temporalis. Deinde sic arguunt ex hiis: sicut se habuit Levi ad Iudam, sic se habet Ecclesia ad Imperium; Levi precessit Iudam in nativitate, ut patet in Lictera: ergo Ecclesia precedit Imperium in auctoritate.

Et hoc vero de facili solvitur; nam cum dicunt quod Levi et Iudas, filii Iacob, figurant ista regimina, possem similiter hoc interimendo dissolvere: sed concedatur. Et cum arguendo inferunt 'sicut Levi precedit in nativitate sic Ecclesia in auctoritate', dico similiter quod aliud est predicatum conclusionis et aliud maior extremitas: nam aliud est 'auctoritas'et aliud 'nativitas', subiecto et ratione; propter quod peccatur in forma. Et est similis processus huic: A precedit B in C; D et E se habent ut A et B: ergo D precedit E in F; F vero et C diversa sunt.

Et si ferrent instantiam dicentes quod F sequitur ad C, hoc est auctoritas ad nativitatem, et pro antecedente bene infertur consequens, ut animal pro homine, dico quod falsum est: multi enim sunt maiores natu qui non solum in auctoritate non precedunt, sed etiam preceduntur a iunioribus; ut patet ubi episcopi sunt tempore minores quam sui archipresbyteri. Et sic instantia videtur errare secundum 'non causam ut causa'.

VI. De lictera vero primi libri *Regum* assummunt etiam creationem et depositionem Saulis, et dicunt quod Saul rex intronizatus fuit et de trono depositus per Samuelem, qui vice Dei de precepto fungebatur, ut in Lictera patet. Et ex hoc arguunt quod, quemadmodum ille Dei vicarius auctoritatem habuit dandi et tollendi regimen temporale et in alium transferendi, sic et nunc Dei vicarius, Ecclesie universalis antistes, auctoritatem habet dandi et tollendi et etiam transferendi sceptrum regiminis temporalis; ex quo sine dubio sequeretur quod auctoritas Imperii dependeret ut dicunt.

Et ad hoc dicendum per interemptionem eius quod dicunt Samuelem Dei vicarium, quia non ut vicarius sed ut legatus spetialis ad hoc, sive nuntius portans mandatum Domini expressum, hoc fecit: quod patet quia quicquid Deus dixit, hoc fecit solum et hoc retulit.

Unde sciendum quod aliud est esse vicarium, aliud est esse nuntium sive ministrum: sicut aliud est esse doctorem, aliud

115

est esse interpretem. Nam vicarius est cui iurisdictio cum lege vel cum arbitrio commissa est; et ideo intra terminos iurisdictionis commisse de lege vel de arbitrio potest agere circa aliquid, quod dominus omnino ignorat. Nuntius autem non potest in quantum nuntius; sed quemadmodum malleus in sola virtute fabri operatur, sic et nuntius in solo arbitrio eius qui mictit illum. Non igitur sequitur, si Deus per nuntium Samuelem fecit hoc, quod vicarius Dei hoc facere possit. Multa enim Deus per angelos fecit et facit et facturus est que vicarius Dei, Petri successor, facere non posset.

Unde argumentum istorum est 'a toto ad partem', construendo sic: 'homo potest videre et audire: ergo oculus potest videre et audire'. Et hoc non tenet; teneret autem destructive sic: 'homo non potest volare: ergo nec brachia hominis possunt volare'. Et similiter sic: 'Deus per nuntium facere non potest genita non esse genita, iuxta sententiam Agathonis: ergo nec vicarius eius facere potest.'

VII.   Assummunt etiam de lictera Mathei Magorum oblationem, dicentes Cristum recepisse simul thus et aurum ad significandum se ipsum dominum et gubernatorem spiritualium et temporalium; ex quo inferunt Cristi vicarium dominum et gubernatorem eorundem, et per consequens habere utrorunque auctoritatem.

Ad hoc respondens, licteram Mathei et sensum confiteor, sed quod ex illa inferre conantur interimo. Sillogizant enim sic: 'Deus est dominus spiritualium et temporalium; summus Pontifex est vicarius Dei: ergo est dominus spiritualium et temporalium'. Utraque nanque propositio vera est, sed medium variatur et arguitur in quatuor terminis, in quibus forma sillogistica non salvatur, ut patet ex hiis que *De Sillogismo Simpliciter.* Nam aliud est 'Deus', quod subicitur in maiori, et aliud 'vicarius Dei', quod predicatur in minori.

Et si quis instaret de vicarii equivalentia, inutilis est instantia; quia nullus vicariatus, sive divinus sive humanus, equivalere potest principali auctoritati: quod patet de levi. Nam scimus quod successor Petri non equivalet divine auctoritati saltem in operatione nature: non enim posset facere terram ascendere sursum, nec ignem descendere deorsum per offitium sibi commissum. Nec etiam possent omnia sibi commicti a Deo, quoniam potestatem creandi et similiter baptizandi nullo modo Deus commictere posset, ut evidenter probatur, licet Magister contrarium dixerit in quarto.

Scimus etiam quod vicarius hominis non equivalet ei, quantum in hoc quod vicarius est, quia nemo potest dare quod suum non est. Auctoritas principalis non est principis nisi ad usum, quia nullus princeps se ipsum auctorizare potest; recipere autem potest atque dimictere, sed alium creare non potest, quia creatio principis ex principe non dependet. Quod si ita est, manifestum est quod nullus princeps potest sibi substituere vicarium in omnibus equivalentem: qua re instantia nullam efficaciam habet.

VIII. Item assummunt de lictera eiusdem illud Cristi ad Petrum: "Et quodcunque ligaveris super terram, erit ligatum et in celis; et quodcunque solveris super terram, erit solutum et in celis"; quod etiam omnibus apostolis est dictum. Similiter accipiunt de lictera Mathei, similiter et Iohannis: ex quo arguunt successorem Petri omnia de concessione Dei posse tam ligare quam solvere; et inde inferunt posse solvere leges et decreta Imperii, atque leges et decreta ligare pro regimine temporali: unde bene sequeretur illud quod dicunt.

Et dicendum ad hoc per distinctionem circa maiorem sillogismi quo utuntur. Sillogizant enim sic: 'Petrus potuit solvere omnia et ligare; successor Petri potest quicquid Petrus potuit; ergo successor Petri potest omnia solvere et ligare'. Unde inferunt auctoritatem et decreta Imperii solvere et ligare ipsum posse.

Minorem concedo, maiorem vero non sine distinctione. Et ideo dico quod hoc signum universale 'omne', quod includitur in 'quodcunque', nunquam distribuit extra ambitum termini distributi. Nam si dico 'omne animal currit', 'omne' distribuit pro omni eo quod sub genere animalis comprehenditur; si vero dico 'omnis homo currit', tunc signum universale non distribuit nisi pro suppositis huius termini 'homo'; et cum dico 'omnis grammaticus', tunc distributio magis coartatur.

Propter quod semper videndum est quid est quod signum universale habet distribuire: quo viso, facile apparebit quantum sua distributio dilatetur, cognita natura et ambitu termini distributi. Unde cum dicitur 'quodcunque ligaveris', si illud 'quodcunque' summeretur absolute, verum esset quod dicunt; et non solum hoc facere posset, quin etiam solvere uxorem a viro et ligare ipsam alteri vivente primo: quod nullo modo potest. Posset etiam solvere me non penitentem: quod etiam facere ipse Deus non posset.

Cum ergo ita sit, manifestum est quod non absolute summenda est illa distributio, sed respective ad aliquid. Quod autem illa respiciat satis est evidens considerato illo quod sibi conceditur, circa quod illa distributio subiungitur. Dicit enim Cristus Petro: "Tibi dabo claves regni celorum", hoc est 'Faciam te hostiarium regni celorum'. Deinde subdit "et quodcunque": quod est 'omne quod', id est 'et omne quod ad istud offitium spectabit solvere poteris et ligare'. Et sic signum universale quod includitur in 'quodcunque' contrahitur in sua distributione ab offitio clavium regni celorum: et sic assummendo, vera est illa propositio; absolute vero non, ut patet. Et ideo dico quod etsi successor Petri, secundum exigentiam offitii commissi Petro, possit solvere et ligare, non tamen propter hoc sequitur quod possit solvere seu ligare decreta Imperii sive leges ut ipsi dicebant, nisi ulterius probaretur hoc spectare ad offitium clavium: cuius contrarium inferius ostendetur.

IX. Accipiunt etiam illud Luce, quod Petrus dixit Cristo, cum ait "Ecce duo gladii hic"; et dicunt quod per illos duos gladios duo predicta regimina intelliguntur, que quidem Petrus dixit esse ibi ubi erat, hoc est apud se: unde arguunt illa duo regimina secundum auctoritatem apud successorem Petri consistere.

Et ad hoc dicendum per interemptionem sensus in quo fundant argumentum. Dicunt enim illos duos gladios, quos assignavit Petrus, duo prefata regimina importare: quod omnino negandum est, tum quia illa responsio non fuisset ad intentionem Cristi, tum quia Petrus de more subito respondebat ad rerum superficiem tantum.

Quod autem responsio non fuisset ad intentionem Cristi non erit immanifestum, si considerentur verba precedente et causa verborum. Propter quod sciendum quod hoc dictum fuit in die Cene; unde Lucas incipit superius sic: "Venit autem dies azimorum in quo necesse erat occidi Pascha", in qua quidem cena prelocutus fuit Cristus de ingruente passione, in qua oportebat ipsum separari a discipulis suis. Item sciendum quod ubi ista verba intervenerunt erant simul omnes duodecim discipuli; unde parum post verba premissa dicit Lucas: "Et cum facta esset hora discubuit, et duodecim apostoli cum eo". Et ex hinc continuato colloquio venit ad hec: "Quando misi vos sine sacculo et pera et calciamentis, nunquid aliquid defuit vobis?" At illi dixerunt: "Nichil." Dixit ergo eis: "Sed nunc qui habet sacculum tollat, similiter et peram; et qui non habet, vendat tunicam et emat gladium". In quo satis aperte intentio Cristi manifestatur; non enim dixit 'ematis vel habeatis duos gladios' — ymo duodecim, cum ad duodecim discipulos diceret "qui non habet emat" — ut quilibet haberet unum. Et hoc etiam dicebat premonens eos pressuram futuram et despectum futurum erga eos, quasi diceret:

'Quousque fui vobiscum, recepti eratis; nunc fugabimini. Unde oportet vos preparare vobis etiam ea que iam prohibui vobis propter necessitatem'. Itaque si responsio Petri, que est ad hoc, fuisset sub intentione illa, iam non fuisset ad eam que erat Cristi: de quo Cristus ipsum increpasset sicut multotiens increpavit, cum inscie responderet. Hic autem non fecit, sed acquievit dicens ei "Satis est", quasi diceret, 'Propter necessitatem dico; sed si quilibet habere non potest, duo sufficere possunt'.

Et quod Petrus de more ad superficiem loqueretur, probat eius festina et inpremeditata presumptio, ad quam non solum fidei sinceritas impellebat, sed, ut credo, puritas et simplicitas naturalis. Hanc suam presumptionem scribe Cristi testantur omnes.

Scribit autem Matheus, cum Iesus interrogasset discipulos "Quem me esse dicitis?", Petrum ante omnes respondisse: "Tu es Cristus, filius Dei vivi". Scribit etiam quod, cum Cristus diceret discipulis quia oportebat eum ire in Ierusalem et multa pati, Petrus assumpsit eum et cepit increpare illum dicens "Absit a te, Domine; non erit tibi hoc"; ad quem Cristus, redarguens, conversus dixit: "Vade post me, Sathana". Item scribit quod in monte transfigurationis, in conspectu Cristi, Moysi et Elye et duorum filiorum Zebedei, dixit: "Domine, bonum est nos hic esse; si vis, faciamus hic tria tabernacula: tibi unum, Moysi unum et Elye unum". Item scribit quod, cum discipuli essent in navicula tempore noctis et Cristus ambularet super aquam, Petrus dixit: "Domine, si tu es, iube me ad te venire super aquas." Item scribit quod, cum Cristus prenuntiaret scandalum discipulis suis, Petrus respondit: "Etsi omnes scandalizati fuerint in te, ego nunquam scandalizabor"; et infra: "Etiamsi oportuerit me mori tecum, non te negabo". Et hoc etiam contestatur Marcus; Lucas vero scribit Petrum etiam dixisse Cristo, parum supra verba premissa de gladiis: "Domine, tecum paratus sum in carcerem et in mortem ire".

Iohannes autem dicit de illo quod, cum Cristus vellet sibi lavare pedes, Petrus ait: "Domine, tu michi lavas pedes?"; et infra: "Non lavabis michi pedes in ecternum". Dicit etiam ipsum gladio percussisse ministri servum: quod etiam conscribunt omnes quatuor. Dicit etiam Iohannes ipsum introivisse subito, cum venit in monumentum, videns alium discipulum cunctantem ad hostium. Dicit iterum quod, existente Iesu in litore post resurrectionem, "Cum Petrus audisset quia Dominus est, tunica succinxit se, erat enim nudus, et misit se in mare". Ultimo dicit quod, cum Petrus vidisset Iohannem, dixit Iesu: "Domine, hic autem quid?"

Iuvat quippe talia de Archimandrita nostro in laudem sue puritatis continuasse, in quibus aperte deprehenditur quod, cum de duobus gladiis loquebatur, intentione simplici respondebat ad Cristum.

Quod si verba illa Cristi et Petri typice sunt accipienda, non ad hoc quod dicunt isti trahenda sunt, sed referenda sunt ad sensum illius gladii de quo scribit Matheus sic: "Nolite ergo arbitrari quia veni mictere pacem in terram: non veni pacem mictere, sed gladium. Veni enim separare hominem adversus patrem suum" etc. Quod quidem fit tam verbo quam opere; propter quod dicebat Lucas ad Theophilum "que cepit Iesus facere et docere". Talem gladium Cristus emere precipiebat, quem duplicem ibi esse Petrus etiam respondebat. Ad verba enim et opera parati erant, per que facerent quod Cristus dicebat se venisse facturum per gladium, ut dictum est.

X. Dicunt adhuc quidam quod Constantinus imperator, mundatus a lepra intercessione Silvestri tunc summi Pontificis Imperii sedem, scilicet Romam, donavit Ecclesie cum multis aliis Imperii dignitatibus. Ex quo arguunt dignitates illas deinde neminem assummere posse nisi ab Ecclesia recipiat, cuius eas esse dicunt; et ex hoc bene sequeretur auctoritatem unam ab alia dipendere, ut ipsi volunt.

Positis et solutis igitur argumentis que radices in divinis eloquiis habere videbantur, restant nunc illa ponenda et solvenda que in gestis humanis et ratione humana radicantur. Ex quibus primum est quod premicitur, quod sic sillogizant: 'ea que sunt Ecclesie nemo de iure habere potest nisi ab Ecclesia' — et hoc conceditur — 'romanum regimen est Ecclesie: ergo ipsum nemo habere potest de iure nisi ab Ecclesia'; et minorem probant per ea que de Constantino superius tacta sunt.

Hanc ergo minorem interimo et, cum probant, dico quod sua probatio nulla est, quia Constantinus alienare non poterat Imperii dignitatem, nec Ecclesia recipere. Et cum pertinaciter instant, quod dico sic ostendi potest: nemini licet ea tacere per offitium sibi deputatum que sunt contra illud offitium; quia sic idem, in quantum idem, esset contrarium sibi ipsi: quod est inpossibile; sed contra offitium deputatum Imperatori est scindere Imperium, cum offitium eius sit humanum genus uni velle et uni nolle tenere subiectum, ut in primo huius de facili videri potest; ergo scindere Imperium Imperatori non licet. Si ergo alique dignitates per Constantinum essent alienate — ut dicunt — ab Imperio, et cessissent in potestatem Ecclesie, scissa esset 'tunica inconsutilis', quam scindere ausi non sunt etiam qui Cristum verum Deum lancea perforarunt. Preterea, sicut Ecclesia suum habet fundamentum, sic et Imperium suum. Nam Ecclesie fundamentum Cristus est; unde Apostolus *ad Corinthios:* "Fundamentum aliud nemo potest ponere preter id quod positum est, quod est Cristus Iesus". Ipse est petra super quam hedificata est Ecclesia. Imperii vero fundamentum ius humanum est. Modo dico quod, sicut Ecclesie fondamento suo contrariari non licet, sed debet semper inniti super illud iuxta illud *Canticorum:* "Que est ista, que ascendit de deserto delitiis affluens, innixa super dilectum?", sic et Imperio licitum non est contra ius humanum aliquid tacere. Sed contra ius humanum esset, si se ipsum Imperium destrueret: ergo Imperio se ipsum destruere non licet. Cum ergo scindere Imperium esset destruere ipsum, consistente Imperio in unitate Monarchie universalis, manifestum est quod Imperii auctoritate fungenti scindere Imperium non licet. Quod autem destruere Imperium sit contra ius humanum, ex superioribus est manifestum.

Preterea, omnis iurisdictio prior est suo iudice: iudex enim ad iurisdictionem ordinatur, et non e converso; sed Imperium est iurisdictio omnem temporalem iurisdictionem ambitu suo comprehendens: ergo ipsa est prior suo iudice, qui est Imperator, quia ad ipsam Imperator est ordinatus, et non e converso. Ex quo patet quod Imperator ipsam permutare non potest in quantum Imperator, cum ab ea recipiat esse quod est. Modo dico sic: aut ille Imperator erat cum dicitur Ecclesie contulisse, aut non; et si non, planum est quod nichil poterat de Imperio conferre; si sic, cum talis collatio esset minoratio iurisdictionis, in quantum Imperator hoc facere non poterat.

Amplius, si unus Imperatot aliquam particulam ab Imperii iurisdictione discindere posset, cadem ratione et alius. Et cum iurisdictio temporalis finita sit et omne finitum per finitas decisiones assummatur, sequeretur quod iurisdictio prima posset annichilari: quod est irrationabile.

Adhuc, cum conferens habeat se per modum agentis et cui confertur per modum patientis, ut placet Phylosopho in quarto *ad Nicomacum,* non solum ad collationem esse licitam requiritur dispositio conferentis, sed etiam eius cui confertur: videtur enim in paciente et disposito actus activorum inesse. Sed Ecclesia omnino indisposita erat ad temporalia recipienda per preceptum prohibitivum expressum, ut habemus per Matheum sic: "Nolite possidere aurum, neque argentum, neque pecuniam in zonis vestris, non peram in via" etc. Nam etsi per Lucam habemus relaxationem precepti quantum ad quedam, ad possessionem tamen auri et argenti licentiatam Ecclesiam post prohibitionem illam invenire non potui. Qua re, si Ecclesia recipere non poterat, dato quod Constantinus hoc facere potuisset de se, actio tamen illa non erat possibilis propter patientis indispositionem.

Patet igitur quod nec Ecclesia recipere per modum possessionis, nec ille conferre per modum alienationis poterat. Poterat tamen Imperator in patrocinium Ecclesie Patrimonium et alia deputare, inmoto semper superiori dominio, cuius unitas divisionem non patitur. Poterat et vicarius Dei recipere non tanquam possessor, sed tanquam fructuum pro Ecclesia pro Cristi pauperibus dispensator: quod apostolos fecisse non ignoratur.

Adhuc dicunt quod Adrianus papa Carolum Magnum sibi et Ecclesie advocavit ob iniuriam Longobardorum, tempore Desiderii regis eorum; et quod Carolus ab eo recepit Imperii dignitatem non obstante quod Michael imperabat apud Constantinopolim. Propter quod dicunt quod omnes qui fuerunt Romanorum Imperatores post ipsum, et ipsi advocati Ecclesie sunt et debent ab Ecclesia advocari: ex quo etiam sequeretur illa dependentia quam concludere volunt.

Et ad hoc infringendum dico quod nichil dicunt: usurpatio enim iuris non facit ius. Nam si sic, eodem modo auctoritas Ecclesie probaretur dipendere ab Imperatore, postquam Octo imperator Leonem papam restituit et Benedictum deposuit, necnon in exilium in Saxoniam duxit.

XI.   Ratione vero sic arguunt. Summunt etenim sibi principium de decimo *Prime Phylosophie* dicentes: omnia que sunt unius generis reducuntur ad unum, quod est mensura omnium que sub illo genere sunt; sed omnes homines sunt unius generis: ergo debent reduci ad unum, tanquam ad mensuram omnium eorum. Et cum summus Antistes et Imperator sint homines, si conclusio illa est vera, oportet quod reducantur ad unum hominem. Et cum Papa non sit reducendus ad alium, relinquitur quod Imperator cum omnibus aliis sit reducendus ad ipsum, tanquam ad mensuram et regulam: propter quod sequitur etiam idem quod volunt.

Ad hanc rationem solvendam dico quod, cum dicunt 'Ea que sunt unius generis oportet reduci ad aliquod unum de illo genere, quod est metrum in ipso', verum dicunt. Et similiter verum dicunt dicentes quod omnes homines sunt unius generis; et similiter verum concludunt cum inferunt ex hiis omnes homines esse reducendos ad unum metrum in suo genere. Sed cum ex hac conclusione subinferunt de Papa et Imperatore, falluntur 'secundum accidens'.

Ad cuius evidentiam sciendum quod aliud est esse hominem et aliud est esse Papam; et eodem modo aliud est esse hominem, aliud esse Imperatorem, sicut aliud est esse hominem, et aliud est esse patrem et dominum. Homo enim est id quod est per formam substantialem, per quam sortitur spetiem et genus, et per quam reponitur sub predicamento substantie; pater vero est id quod est per formam accidentalem, que est relatio per quam sortitur spetiem quandam et genus, et reponitur sub genere 'ad aliquid', sive 'relationis'. Aliter omnia reducerentur ad predicamentum substantie, cum nulla forma accidentalis per se subsistat absque ypostasi substantie subsistentis: quod est falsum. Cum ergo Papa et Imperator sint id quod sunt per quasdam relationes, quia per Papatum et per Imperiatum, que relationes sunt altera sub ambitu paternitatis et altera sub ambitu dominationis, manifestum est quod Papa et Imperator, in quantum huiusmodi, habent reponi sub predicamento relationis, et per consequens reduci ad aliquod existens sub illo genere.

Unde dico quod alia est mensura ad quam habent reduci prout sunt homines, et alia prout sunt et Papa et Imperator. Nam, prout sunt homines, habent reduci ad optimum hominem, qui est mensura omnium aliorum, et ydea ut dicam — quisquis ille sit — ad existentem maxime unum in genere suo ut haberi potest ex ultimis *ad Nicomacum.* In quantum vero sunt relativa quedam, ut patet, reducenda sunt vel ad invicem, si alterum subalternatur alteri vel in spetie comunicant per naturam relationis, vel ad aliquod tertium, ad quod reducantur tanquam ad comunem unitatem. Sed non potest dici quod alterum subalternetur alteri, quia sic alterum de altero predicaretur: quod est falsum; non enim dicimus 'Imperator est Papa', nec e converso. Nec potest dici quod comunicent in spetie, cum alia sit ratio Pape, alia Imperatoris, in quantum huiusmodi. Ergo reducuntur ad aliquid in quo habent uniri.

Propter quod sciendum quod, sicut se habet relatio ad relationem, sic relativum ad relativum. Si ergo Papatus et Imperiatus, cum sint relationes superpositionis, habeant reduci ad respectum superpositionis, a quo respectu cum suis differentialibus descendunt, Papa et Imperator, cum sint relativa, reduci habebunt ad aliquod unum in quo reperiatur ipse respectus superpositionis absque differentialibus aliis. Et hoc erit vel ipse Deus, in quo respectus omnis universaliter unitur, vel aliqua substantia Deo inferiori in qua respectus superpositionis per differentiam superpositionis a simplici respectu descendens particuletur. Et sic patet quod Papa et Imperator, in quantum homines, habent reduci ad unum; in quantum vero Papa et Imperator, ad aliud: et per hoc patet ad rationem.

XII. Positis et exclusis erroribus quibus potissime innituntur qui romani Principatus auctoritatem dependere dicunt a romano Pontifice, redeundum est ad ostendendum veritatem huius tertie questionis, que a principio discutienda proponebatur: que quidem veritas apparebit sufficienter si, sub prefixo principio inquirendo, prefatam auctoritatem immediate dipendere a culmine totius entis ostendero, qui Deus est. Et hoc erit ostensum vel si auctoritas Ecclesie removeatur ab illa — cum de alia non sit altercatio — vel si 'ostensive' probetur a Deo immediate dependere.

Quod autem auctoritas Ecclesie non sit causa imperialis auctoritatis probatur sic: illud, quo non esistente aut quo non virtuante, aliud habet totam suam virtutem, non est causa illius virtutis; sed, Ecclesia non esistente aut non virtuante, Imperium habuit totam suam virtutem: ergo Ecclesia non est causa virtutis Imperii et per consequens nec auctoritatis, cum idem sit virtus et auctoritas eius. Sit Ecclesia A, Imperium B, auctoritas sive virtus Imperii C; si, non existente A, C est in B, inpossibile est A esse causam eius quod est C esse in B, cum inpossibile sit effectum precedere causam in esse. Adhuc si, nichil operante A, C est in B, necesse est A non esse causam eius quod est C esse in B, cum necesse sit ad productionem effectus preoperari causam, presertim efficientem, de qua intenditur.

Maior propositio huius demonstrationis declarata est in terminis; minorem Cristus et Ecclesia confirmat. Cristus nascendo et moriendo, ut superius dictum est: Ecclesia, cum Paulus in *Actibus Apostolorum* dicat ad Festum: "Ad tribunal Cesaris sto, ubi me oportet iudicari"; cum etiam angelus Dei Paulo dixerit parum post: "Ne timeas, Paule, Cesari te oportet assistere"; et infra iterum Paulus ad Iudeos existentes in Ytalia: "Contradicentibus autem Iudeis, coactus sum appellare Cesarem, non quasi gentem meam habens aliquid accusare, sed ut eruerem animam meam de morte". Quod si Cesar iam tunc iudicandi temporalia non habuisset auctoritatem nec Cristus hoc persuasisset, nec angelus illa verba nuntiasset, nec ille qui dicebat "Cupio dissolvi et esse cum Cristo" incompetentem iudicem appellasset.

Si etiam Constantinus auctoritatem non habuisset, in patrocinium Ecclesie illa que de Imperio deputavit ei de iure deputare non potuisset; et sic Ecclesia illa collatione uteretur iniuste, cum Deus velit oblationes esse inmaculatas iuxta illud *Levitici:* "Omnis oblatio, quam conferetis Domino, absque fermento erit". Quod quidem preceptum, licet ad offerentes faciem habere videatur, nichilominus est per consequens ad recipientes; stultum enim est credere Deum velle recipi quod prohibet exhiberi, cum etiam in eodem precipiatur Levitis: "Nolite contaminare animas vestras nec tangatis quicquid eorum, ne inmundi sitis". Sed dicere quod Ecclesia sic abutatur patrimonio sibi deputato est valde inconveniens: ergo falsum erat illud ex quo sequebatur.

XIII. Amplius, si Ecclesia virtutem haberet auctorizandi romanum Principem, aut haberet a Deo, aut a se, aut ab Imperatore aliquo aut ab universo mortalium assensu, vel saltem ex illis prevalentium: nulla est alia rimula, per quam virtus hec ad Ecclesiam manare potuisset; sed a nullo istorum habet: ergo virtutem predictam non habet.

Quod autem a nullo istorum habeat sic apparet. Nam si a Deo recepisset, hoc fuisset aut per legem divinam aut per naturalem, quia quod a natura recipitur a Deo recipitur, non tamen convertitur. Sed non per naturalem, quia natura non imponit legem nisi suis effectibus, cum Deus insufficiens esse non possit ubi sine secundis agentibus aliquid in esse producit. Unde, cum Ecclesia non sit effectus nature, sed Dei dicentis "Super hanc petram hedificabo Ecclesiam meam", et alibi "Opus consummavi quod dedisti michi ut faciam", manifestum est quod ei natura legem non dedit.

Sed nec per divinam: omnis nanque divina lex duorum Testamentorum gremio continetur; in quo quidem gremio reperire non possum temporalium sollicitudinem sive curam sacerdotio primo vel novissimo commendatam fuisse. Quinymo invenio sacerdotes primos ab illa de precepto remotos, ut patet per ea que Deus ad Moysen; et sacerdotes novissimos, per ea que Cristus ad discipulos: quam quidem ab eis esse remotam possibile non est, si regiminis temporalis auctoritas a sacerdotio demanaret, cum saltem in auctorizando sollicitudo provisionis instaret, et deinde cautela continua ne auctorizatus a tramite rectitudinis deviaret.

Quod autem a se non receperit de facili patet. Nichil est quod dare possit quod non habet; unde omne agens aliquid actu esse tale oportet quale agere intendit, ut habetur in hiis que *De simpliciter ente*. Sed constat quod, si Ecclesia sibi dedit illam virtutem, non habebat illam priusquam daret; et sic dedisset sibi quod non habebat; quod est inpossibile.

Quod vero ab aliquo Imperatore non receperit, per ea que superius manifesta sunt patet sufficienter. Et quod etiam ab assensu omnium vel prevalentium non habuerit quis dubitat, cum non modo Asyani et Affricani omnes, quinetiam maior pars Europam colentium hoc aborreat? Fastidium etenim est in rebus manifestissimis probationes adducere.

XIV. Item, illud quod est contra naturam alicuius non est de numero suarum virtutum, cum virtutes uniuscuiusque rei consequantur naturam eius propter finis adeptionem; sed virtus auctorizandi regnum nostre mortalitatis est contra naturam Ecclesie: ergo non est de numero virtutum suarum.

Ad evidentiam autem minoris sciendum quod natura Ecclesie forma est Ecclesie: nam, quamvis natura dicatur de materia et forma, per prius tamen dicitur de forma, ut ostensum est in *Naturali auditu.* Forma autem Ecclesie nichil aliud est quam vita Cristi, tam in dictis quam in factis comprehensa : vita enim ipsius ydea fuit et exemplar militantis Ecclesie, presertim pastorum, maxime summi, cuius est pascere agnos et oves. Unde ipse in *Iohanne* formam sue vite relinquens "Exemplum" inquit "dedi vobis, ut quemadmodum ego feci vobis, ita et vos faciatis"; et spetialiter ad Petrum, postquam pastoris offitium sibi commisit, ut in eodem habemus, "Petre", inquit "sequere me". Sed Cristus huiusmodi regimen coram Pilato abnegavit: "Regnum" inquit "meum non est de hoc mundo; si ex hoc mundo esset regnum meum, ministri mei utique decertarent ut non traderer Iudeis; nunc autem regnum meum non est hinc".

Quod non sic intelligendum est ac si Cristus, qui Deus est, non sit dominus regni huius; cum Psalmista dicat "quoniam ipsius est mare, et ipse fecit illud, et aridam fundaverunt manus eius"; sed quia, ut exemplar Ecclesie, regni huius curam non habebat. Velut si aureum sigillum loqueretur de se dicens 'non sum mensura in aliquo genere'; quod quidem dictum non habet locum in quantum est aurum, cum sit metrum in genere

129

metallorum, sed in quantum est quoddam signum receptibile per impressionem.

Formale igitur est Ecclesie illud idem dicere, illud idem sentire: oppositum autem dicere vel sentire, contrarium forme, ut patet, sive nature, quod idem est. Ex quo colligitur quod virtus auctorizandi regnum hoc sit contra naturam Ecclesie: contrarietas enim in oppinione vel dicto sequitur ex contrarietate que est in re dicta vel oppinata, sicut verum et falsum ab esse rei vel non esse in oratione causatur, ut doctrina *Predicamentorum* nos docet. Sufficienter igitur per argumenta superiora ducendo 'ad inconveniens' probatum est auctoritatem Imperii ab Ecclesia minime dipendere.

XV. Licet in precedenti capitulo ducendo 'ad inconveniens' ostensum sit auctoritatem Imperii ab auctoritate summi Pontificis non causari, non tamen omnino probatum est ipsam inmediate dependere a Deo, nisi ex consequenti. Consequens enim est si ab ipso Dei vicario non dependet, quod a Deo dependeat. Et ideo, ad perfectam determinationem propositi, 'ostensive' probandum est Imperatorem, sive mundi Monarcham, immediate se habere ad principem universi, qui Deus est.

Ad huius autem intelligentiam sciendum quod homo solus in entibus tenet medium corruptibilium et incorruptibilium; propter quod recte a phylosophis assimilatur orizonti, qui est medium duorum emisperiorum. Nam homo, si consideretur secundum utranque partem essentialem, scilicet animam et corpus, corruptibilis est; si consideretur tantum secundum unam, scilicet animam, incorruptibilis est. Propter quod bene Phylosophus inquit de ipsa, prout incorruptibilis est, in secundo *De anima* cum dixit: "Et solum hoc contingit separari, tanquam perpetuum, a corruptibili".

130

Si ergo homo medium quoddam est corruptibilium et incorruptibilium, cum omne medium sapiat naturam extremorum, necesse est hominem sapere utranque naturam. Et cum omnis natura ad ultimum quendam finem ordinetur, consequitur ut hominis duplex finis existat: ut, sicut inter omnia entia solus incorruptibilitatem et corruptibilitatem partecipat, sic solus inter omnia entia in duo ultima ordinetur, quorum alterum sit finis eius prout corruptibilis est, alterum vero prout incorruptibilis.

Duos igitur fines providentia illa inenarrabilis homini proposuit intendendos: beatitudinem scilicet huius vite, que in operatione proprie virtutis consistit et per terrestrem paradisum figuratur; et beatitudinem vite ecterne, que consistit in fruitione divini aspectus ad quam propria virtus ascendere non potest, nisi lumine divino adiuta, que per paradisum celestem intelligi datur.

Ad has quidem beatitudines, velut ad diversas conclusiones, per diversa media venire oportet. Nam ad primam per phylosophica documenta venimus, dummodo illa sequamur secundum virtutes morales et intellectuales operando; ad secundam vero per documenta spiritualia que humanam rationem transcendunt, dummodo illa sequamur secundum virtutes theologicas operando, fidem spem scilicet et karitatem. Has igitur conclusiones et media, licet ostensa sint nobis hec ab humana ratione que per phylosophos tota nobis innotuit, hec a Spiritu Sancto qui per prophetas et agiographos, qui per coecternum sibi Dei filium Iesum Cristum et per eius discipulos supernaturalem veritatem ac nobis necessariam revelavit, humana cupiditas postergaret nisi homines, tanquam equi, sua bestialitate vagantes "in camo et freno" compescerentur in via.

Propter quod opus fuit homini duplici directivo secundum duplicem finem: scilicet summo Pontifice, qui secundum revelata humanum genus perduceret ad vitam ecternam, et Imperatore, qui secundum phylosophica documenta genus humanum ad temporalem felicitatem dirigeret. Et cum ad hunc portum vel nulli vel pauci, et hii cum difficultate nimia, pervenire possint, nisi sedatis fluctibus blande cupiditatis genus humanum liberum in pacis tranquillitate quiescat, hoc est illud signum ad quod maxime debet intendere curator orbis, qui dicitur romanus Princeps, ut scilicet in areola ista mortalium libere cum pace vivatur. Cumque dispositio mundi huius dispositionem inherentem celorum circulationi sequatur, necesse est ad hoc ut utilia documenta libertatis et pacis commode locis et temporibus applicentur, de curatore isto dispensari ab Illo qui totalem celorum dispositionem presentialiter intuetur. Hic autem est solus ille qui hanc preordinavit, ut per ipsam ipse providens suis ordinibus queque connecteret.

Quod si ita est, solus eligit Deus, solus ipse confirmat, cum superiorem non habeat. Ex quo haberi potest ulterius quod nec isti qui nunc, nec alii cuiuscunque modi dicti fuerint 'electores', sic dicendi sunt: quin potius 'denuntiatores divine providentie' sunt habendi. Unde fit quod aliquando patiantur dissidium quibus denuntiandi dignitas est indulta, vel quia omnes vel quia quidam eorum, nebula cupiditatis ottenebrati, divine dispensationis faciem non discernunt.

Sic ergo patet quod auctoritas temporalis Monarche sine ullo medio in ipsum de Fonte universalis auctoritatis descendit: qui quidem Fons, in arce sue simplicitatis unitus, in multiplices alveos influit ex habundantia bonitatis.

Et iam satis videor metam actigisse propositam. Enucleata nanque veritas est questionis illius qua querebatur utrum ad bene esse mundi necessarium esset Monarche offitium, ac illius qua querebatur an romanus populus de iure Imperium sibi asciverit, nec non illius ultime qua querebatur an Monarche auctoritas a Deo vel ab alio dependeret inmediate. Que quidem veritas ultime questionis non sic stricte recipienda est, ut romanus Princeps in aliquo romano Pontifici non subiaceat, cum mortalis ista felicitas quodammodo ad inmortalem felicitatem ordinetur. Illa igitur reverentia Cesar utatur ad Petrum qua primogenitus illius debet uti ad patrem: ut luce paterne gratie illustratus virtuosius orbem terre irradiet, cui ab Illo solo prefectus est, qui est omnium spiritualium et temporalium gubernator.

www.ingramcontent.com/pod-product-compliance
Lightning Source LLC
Chambersburg PA
CBHW031417120626
46545CB00006B/2163